Reinhard Presslaber

Zwischen Tabubruch und Zensur

Gesetzliche, religiöse und
gesellschaftliche Zensurmaßnahmen
in der Zeichentrickserie South Park

disserta
Verlag

Presslaber, Reinhard: Zwischen Tabubruch und Zensur: Gesetzliche, religiöse und gesellschaftliche Zensurmaßnahmen in der Zeichentrickserie South Park, Hamburg, disserta Verlag, 2014

Buch-ISBN: 978-3-95425-316-6
PDF-eBook-ISBN: 978-3-95425-317-3
Druck/Herstellung: disserta Verlag, Hamburg, 2014
Covermotiv: © laurine45 – Fotolia.com

Bibliografische Information der Deutschen Nationalbibliothek:
Die Deutsche Nationalbibliothek verzeichnet diese Publikation in der Deutschen Nationalbibliografie; detaillierte bibliografische Daten sind im Internet über http://dnb.d-nb.de abrufbar.

© disserta Verlag, Imprint der Diplomica Verlag GmbH
Hermannstal 119k, 22119 Hamburg
http://www.disserta-verlag.de, Hamburg 2014
Printed in Germany

FÜR C.C.M.

Ich danke allen Personen, die mich beim Schreiben dieses Buches unterstützt und begleitet haben. Besonderer Dank gilt meinen Freunden Ansgar Gerling, Roland Schrotthofer und Laura Angermann, die mir stets mit hilfreichen Tipps und motivierenden Worten zur Seite gestanden sind.

Inhaltsverzeichnis

2

1 Einleitung

> When in the future scholars document how our culture collapsed into ruin, one tiny, obscure footnote should be reserved for South Park.[1]

> (Parents Television Council, 2009)

„Fuck Jesus!" - Mit diesem wütenden, blasphemischen Ausruf vor laufendem Mikrofon schockierte der 8-jährige Eric Cartman bei einem christlichen Musikfestival im Jahr 2003 die angereisten Fans. Sein Freund Leopold „Butters" Stotch versuchte zwar noch Eric zu Vernunft zu bringen und ihn mit den Worten „I'm pretty sure you shouldn't say the ‚F' word about Jesus" auf seinen gerade vollzogenen Tabubruch aufmerksam zu machen. An der empörten Reaktion des tiefreligiösen Publikums konnte er freilich nichts mehr ändern. Die Situation eskalierte und endete in Hysterie und Massenpanik...

Die hier beschriebene Szene fand natürlich nicht wirklich statt, sondern sie stammt aus einer Episode der amerikanischen Zeichentrickserie *South Park*.[2] Es gibt zwei Gründe, warum dieses Buch gerade mit dieser blasphemischen Äußerung beginnt. Zum Einen handelt es sich bei dieser Gotteslästerung um einen für diese Serie typischen Tabubruch – Und es sind Tabubrüche dieser Art, mit denen die Serie immer wieder für öffentliches Aufsehen gesorgt hat und auch oft in der Kritik gesellschaftlicher Organisationen und Interessensgruppen stand. So macht die christlich-konservative Jugendschutzorganisation *Parents Television Council* die Serie im einleitenden Zitat sogar für unseren kulturellen Untergang mitverantwortlich.[3] Zum Anderen stellt dieser Tabubruch ein Paradebeispiel für die vorliegende Arbeit dar: Denn der Ausruf „Fuck Jesus!" wurde zensiert. Für die Ausstrahlung im amerikanischen Fernsehen wurde das vulgäre F-Wort nämlich

---

[1] PTC, "The Worst Cable Content of the Week: South Park on Comedy Central", auf: *Parents Television Council* (Web: *www.parentstv.org*, 2009). Anmerkung: Um die Übersicht in dieser Arbeit zu wahren, sind die ausformulierten Web-Links nur im Quellenverzeichnis zu finden.
[2] „Christian Rock Hard", TC 00:21:00 (Tonspur: Englisch). In: *South Park: Die Komplette Siebte Season*, Disc 2 (DVD: Paramount Home Entertainment, 2008), [USA, 2003].
[3] Kurz nach dem Start der Serie 1997 hat sich Brent Bozell, der Präsident der PTC, auch hinsichtlich der häufigen, gotteslästerlichen Flüche kritisch geäußert: „To my knowledge ‚South Park' is the only non-pay-cable series that includes ‚goddamn' - and does so routinely." Vgl.: Brent Bozell, "'South Park' Reconsidered, Sort Of", auf: *Media Research Center* (Web: www.mediaresearch.com, 11.02.1998).

ausgebeept, also durch einen kurzen Ton bei 1000Hz unkenntlich gemacht. Aber warum wurde ausgerechnet das Wort „Fuck" unterdrückt? Liegt es etwa daran, dass hier ein religiöses Tabu gebrochen wurde, oder gibt es andere Ursachen für diesen zensorischen Eingriff?

Genau an diesem Punkt setzt die zentrale Fragestellung dieser Arbeit an, nämlich ob, und wenn ja, bei welchen Themen und aus welchen Gründen das schonungs- und hemmungslose Konzept der Serie durch Zensurmaßnahmen unterdrückt wurde.

Auf den ersten Blick scheint es nur naheliegend zu sein, dass eine Serie wie *South Park*, die keine Rücksicht auf gesellschaftliche Konventionen nimmt, immer wieder auch kritische Stimmen hervorruft, die sich für eine gemäßigtere, sprich zensierte Darstellung einsetzen. Denn immer schon standen tabubrechende Medienprodukte im Kreuzfeuer jener Institutionen und Gruppen, gegen die sich eine Satire auflehnt. „Satire ist der Gebrauch von Komik für Angriffszwecke" meint Peter Berger und führt als primäre Ziele solcher Angriffe politische und religiöse Mächte, aber auch gesellschaftliche Gruppen und Kulturen an – insbesondere deren Institutionen und Repräsentanten.[4] In dieser Aussage deutet sich bereits an, in welchem Naheverhältnis Satire, Tabubruch und Zensur stehen. So verortet Ulla Otto, die in der deutschsprachigen Literaturwissenschaft als Vorreiterin der Zensurforschung gilt, unterdrückende Maßnahmen vorwiegend in politischen, religiösen und moralischen Bereichen.[5] In der Satire werden somit also vor allem jene Bereiche angegriffen, die historisch betrachtet immer schon die soziale und politische Macht gehabt haben, Kontrolle über Medieninhalte auszuüben. Und genau diese Bereiche werden in *South Park* fast schon programmatisch parodiert, diffamiert und attackiert. Kein Wunder also, dass die Serie immer wieder Anlass zu öffentlicher Kritik gegeben hat. So merkt auch Johnson-Woods in ihrer umfassenden Arbeit über *South Park* an, dass die Serie durch ihren ständigen Bruch aller Konventionen oft ins Kreuzfeuer gesellschaftlicher Gruppen geraten ist:

---

[4] Vgl.: Peter L. Berger, *Erlösendes Lachen: Das Komische in der menschlichen Erfahrung* (Berlin: de Gruyter, 1998), S. 185ff. Satire kann sich aber auch gegen Individuen, Theorien, Prozesse oder die Gesellschaft selbst auflehnen.
[5] Vgl.: Ulla Otto, "Zensur: Schutz der Unmündigen oder Instrument der Herrschaft?", S. 7. In: *Publizistik: Zeitschrift für die Wissenschaft von Presse - Rundfunk - Film - Rhetorik - Öffentlichkeitsarbeit - Werbung - Meinungsbildung. (13. Jahrgang, Heft 1*, 1968), S. 5-15.

South Park delights in deliberately subverting conventions. It disregards the strictures of institutions such as family, politics, religion, and school. [...] Naturally, the show's excesses attracted criticism.[6]

Aber reicht öffentliche Kritik alleine schon aus, um die Produzenten der Serie tatsächlich zu Zensurmaßnahmen zu zwingen, oder gibt es vielleicht sogar Faktoren, die den hemmungslosen Rundumschlag der Serie unterstützen und noch weiter forcieren? Mit dieser Frage werden wir uns im ersten Kapitel dieses Buches auseinandersetzen. Dabei soll uns zunächst eine kurze inhaltliche Zusammenfassung von *South Park* einen Überblick über die Charaktere und Themen verschaffen und somit auch einen ersten Einblick in das gesellschaftskritische und tabubrechende Potential der Serie ermöglichen. Mediale Reaktionen und wissenschaftliche Arbeiten über *South Park* werden uns in weiterer Folge erste Anhaltspunkte auf mögliche Zensurmaßnahmen in der Serie liefern.

Um zensorische Eingriffe aufspüren zu können ist es unumgänglich, sich auch ein theoretisches Basiswissen über den zentralen Begriff dieser Arbeit anzueignen. Denn wenngleich wohl jeder eine ungefähre Vorstellung davon hat, was sich hinter dem Ausdruck Zensur verbirgt, gibt es doch eine Reihe wichtiger Problemfelder, die es zunächst zu erschließen gilt. So soll unter anderem geklärt werden, welche Formen Zensur annehmen kann, welche Motive hinter solch einschränkenden Maßnahmen stecken und in welchen Bereichen Zensur eigentlich stattfinden kann. Hier wird uns vor allem die Albig'sche Zensurpyramide einen übersichtlichen Einblick in die sozialwissenschaftliche Komplexität dieses Begriffs liefern. Der Soziologe William Albig definiert dabei sechs gesellschaftliche Bereiche, in denen das vielschichtige Phänomen Zensur seiner Meinung nach verortet werden kann.

Mit diesem theoretischen Grundwissen ausgestattet geht es in weiterer Folge „in medias res" und wir stellen uns der Frage, ob *South Park* tatsächlich durch Zensurmaßnahmen entschärft werden musste und bei welchen Themen die Serie an die Grenzen ihres tabubrechenden Konzepts gestoßen ist. Der Fokus liegt dabei auf der englischen Originalfassung, dementsprechend werden in erster Linie jene Ursachen und Hintergründe beleuchtet, die in den USA zu einer Zensur

---

[6] Toni Johnson-Woods, *Blame Canada! South Park and Popular Culture* (New York: continuum, 2007), S.76.

geführt haben. An gegebener Stelle werden wir aber auch einen Blick auf die deutsche Synchronfassung riskieren, um einige interessante Zensurfälle zum Vorschein zu bringen und dadurch auch kulturelle Unterschiede hervorzuheben. Insgesamt stehen drei große Themenkomplexe im Mittelpunkt dieser Arbeit: Zuerst werden wir uns mit der gesetzlichen Ebene auseinandersetzen, die sich in den USA vor allem auf den Jugendschutz konzentriert und dementsprechend auch auf „klassische" Zensurthemen abzielt: Schimpfwörter und vulgäre Ausdrücke, Sexualität und Gewalt. Im zweiten Schritt beschäftigen wir uns mit einer der ältesten Zensurformen überhaupt, nämlich mit der religiös motivierten Zensur. Hier bietet insbesondere der „Fall Mohammed" ein äußerst anschauliches Beispiel dafür, wie sich ein Tabuthema in der Gesellschaft manifestieren kann und letztendlich auch zu weitreichenden Zensurmaßnahmen bei *South Park* geführt hat. Im Zentrum des zensorischen Interesses steht dabei die bildliche Darstellung des muslimischen Propheten Mohammed, die in einigen Teilen des Islams verboten ist. Zu guter Letzt sollen gesellschaftliche Tabuthemen beleuchtet werden, die speziell unter dem Schlagwort der Political Correctness zum Tragen kommen und dabei auch den kulturellen Aspekt von Zensurmaßnahmen offenbaren.

Bei all diesen Ebenen steht aber nicht nur die Frage im Mittelpunkt, ob es zu einer Zensur gekommen ist und was zensiert wurde, sondern es sollen auch die Ursachen und Hintergründe für diese zensorischen Maßnahmen beleuchtet werden. Denn jeder Tabubruch, von denen es bei *South Park* unzählige gibt, deutet in gewisser Weise auf einen Wandel in der Gesellschaft hin. Und jede Zensurmaßnahme, die diesen Tabubruch unterdrücken will, stellt im Grunde einen Beleg dar, dass die Zeit für diesen gesellschaftlichen Wandel doch noch nicht reif ist. So betont auch Hartmut Schröder in seinem Aufsatz „Zur Kulturspezifik von Tabus", dass ohne eine Überschreitung der gesellschaftlichen Grenzen auch kein Fortschritt innerhalb der Gesellschaft möglich wäre:

> Stabilität und Dynamik einer Gesellschaft erfordern ein ständiges Ausloten zwischen Tabuisierung und Enttabuisierung. Ohne Tabus ist Stabilität nicht möglich, mit zu vielen und starren Tabus sind Veränderung und Entwicklung nicht möglich.[7]

---

[7] Hartmut Schröder, "Zur Kulturspezifik von Tabus: Tabus und Euphemismen in interkulturellen Kontaktsituationen", S.59. In: Claudia Benthien u. Ortrud Gutjahr (Hg.), *Tabu: Interkulturalität und Gender* (München: Fink, 2008), S.51-70.

Es ist vor allem dieses permanente Ausloten von Tabugrenzen, das *South Park* meiner Meinung nach besonders auszeichnet. Insofern stellt diese Arbeit also nicht die vom Parents Television Council geforderte Fußnote dar, die den kulturellen Ruin durch diese Serie dokumentieren soll, sondern schlägt sich vielmehr voll und ganz auf die Seite von Hartmut Kraft, der meint: „Eine ‚Tabuologie' wäre eine höchst spannungsvolle Wissenschaft von den in einer Gesellschaft aktuell gültigen Grenzen des Handelns, Redens und Denkens."[8]

---

[8] Hartmut Kraft, "Nigger und Judensau: Tabus heute", S. 262. In: Claudia Benthien u. Ortrud Gutjahr (Hg.), *Tabu: Interkulturalität und Gender* (München: Fink, 2008), S.261-273.

2 *South Park* – Eine Zeichentrickserie schockiert die Öffentlichkeit

'*South Park*' has been vilified as crude, disgusting and nihilistic, and the eagerness of Stone and Parker to impale every sacred cow they can reach is a major reason for its success.[9]

(Jake Tapper und Dan Morris, *ABC News*, 2006)

Es ist keineswegs Zufall oder gar Willkür, dass für eine zeitgenössische Untersuchung zum Thema Tabubruch und Zensur die von Trey Parker und Matt Stone produzierte Serie *South Park* gewählt wurde. Nichts und Niemand wird in der Serie geschont oder geschönt, Religionen und politische Parteien werden diffamiert, ethnische Randgruppen diskriminiert, gesellschaftliche Entwicklungen und Werte kritisiert, Stars und Persönlichkeiten karikiert – und verpackt wird das Ganze in einer Darstellung, die auf moralische Vorstellungen und Fragen des guten Geschmacks im wahrsten Sinne des Wortes „scheißt". Political Correctness scheint für die Produzenten der Serie selbst das größte Tabu zu sein. Aber wie das einleitende Zitat zeigt, dürfte gerade in diesem praktizierten Nihilismus, bei dem scheinbar alle gesellschaftlichen Ordnungen über den Haufen geworfen werden, letztendlich wohl auch der Hauptgrund für den großen Erfolg von *South Park* liegen. Begonnen hat diese Erfolgsgeschichte mit dem Kurzfilm *The Spirit of Christmas: Jesus vs. Santa*, mit dem die beiden Filmstudenten Trey Parker und Matt Stone Ende 1995 erstmals für Furore im Film- und Fernsehbusiness gesorgt haben. Kurz darauf wurden die beiden vom damals noch relativ unbekannten Kabelsender Comedy Central mit einer Pilotepisode beauftragt, in der sie die zentralen Figuren aus ihrem Kurzfilm weiterentwickeln sollten. Die Sendung wurde genehmigt, in Produktion gegeben und unter dem Serientitel *South Park* am 13. August 1997 erstmals ausgestrahlt.[10]

Im Mittelpunkt der Serie stehen vier Jungs, die im verschneiten und idyllischen Städtchen South Park im US-Bundesstaat Colorado leben und dort die dritte

---

[9] Jake Tapper und Dan Morris, "Secrets of 'South Park'", auf: *ABC NEWS* (Web: www.abcnews.go.com, 22.09.2006).
[10] Vgl.: Johnson-Woods, *Blame Canada*, S. 4f.

Klasse besuchen. Stan Marsh, der aus einer gutbürgerlichen, amerikanischen Durchschnittsfamilie kommt, und sein bester Freund Kyle Broflovski, der aufgrund seiner jüdischen Herkunft immer wieder mit Antisemitismus und typischen Klischees gegenüber dem Judentum konfrontiert wird, stehen dabei im Zentrum des Geschehens. Die beiden ergreifen die Initiative, wenn irgendetwas in der Schule, der Stadt oder in der Öffentlichkeit schief läuft, sie hinterfragen gesellschaftliche Verhältnisse und vermitteln am Ende einer Episode häufig auch eine moralische Botschaft. Ihr Kumpel Kenny McCormick kommt aus ärmlichen Verhältnissen – seine Eltern sind Alkoholiker, arbeitslos und streitsüchtig und verkörpern somit den „White Trash" der amerikanischen Gesellschaft. Kenny ist für jeden Schabernack zu begeistern und vor allem in sexuellen Dingen wesentlich aufgeklärter als seine Freunde. Der Vierte im Bunde ist Eric Cartman, ein übergewichtiges und verzogenes Einzelkind, das von seiner Mutter keinerlei Grenzen aufgezeigt bekommt. Im Prinzip ist Eric der „Bad Boy" dieser Schuljungen-Clique, ein Egoist, Rassist, Antisemit und Misanthrop wie er im Buche steht. Er legt überhaupt keinen Wert auf die Gefühle oder Meinungen anderer Leute und richtet seine Handlungen einzig und allein auf sein eigenes Wohl aus. Wenn es Ärger gibt, heikle und beleidigende Äußerungen gemacht werden oder es zu moralisch bedenklichen Handlungen kommt, ist Eric meist die treibende Kraft dahinter. So hat er es sich unter anderem zum Ziel gesetzt, die Juden auszurotten[11], er steckt seinen Freund Kyle absichtlich mit AIDS an[12] oder er verkocht die Eltern eines Jungen, der ihn geärgert hat, kurzerhand zu Chili[13]. Und diese schockierende Liste ließe sich noch lange weiterführen. Wenn wir uns also im Verlauf dieser Arbeit mit den Grenzen des guten Geschmacks und Tabubrüchen beschäftigen werden, wird Eric Cartman sehr oft eine zentrale Rolle einnehmen.

Die vier Kinder erleben in jeder Episode ein neues Abenteuer. Dabei ist die Bandbreite der Themen vielfältig und setzt sich nicht nur mit gesellschaftlichen Kontroversen, religiösen Themen und aktuellen Ereignissen auseinander, sondern greift auch immer wieder herkömmliche Probleme von Kindern auf. Das tabulose

---

[11] Vgl.:„The Passion of the Jew", in: *South Park: Die Komplette Achte Season,* Disc 1 (DVD: Paramount Home Entertainment, 2008), [USA, 2004] .
[12] Vgl.: "Tonsil Trouble", in: *South Park: Die Komplette Zwölfte Season,* Disc 1 (DVD: Paramount Home Entertainment, 2009), [USA, 2008].
[13] Vgl.: "Scott Tenorman must die", in: *South Park: Die Komplette Fünfte Season,* Disc 1 (DVD: Paramount Home Entertainment, 2007), [USA, 2001].

und gesellschaftskritische Konzept kommt dabei bereits in den ersten Episoden mehr als deutlich zur Geltung: So müssen sich die Kinder mit der Problematik aktiver Sterbehilfe auseinandersetzen, während ihre Eltern gegen den vulgären Sprachgebrauch der fiktiven TV-Serie „Terrance & Phillipp" protestieren[14], Eric kommt zum Entsetzen der Lehrer als Adolf Hitler verkleidet zur Halloween-Schulfeier[15], Stan findet heraus, dass sein Hund schwul ist und versucht ihn daraufhin „umzupolen"[16] oder die jüdische Gemeinschaft von South Park lehnt sich gegen das Weihnachtsfest auf, weil sie sich in ihrem Glauben diskriminiert fühlt[17].

Jede dieser Geschichten wird in wahnwitziger Absurdität, überspitzter und hemmungsloser Eskalation bis an den Rand der gesellschaftlichen Verträglichkeit vorangetrieben, die zusätzlich durch eine äußerst vulgäre Ausdrucksweise und einen perfiden Fäkalhumor noch weiter forciert wird. So hebt auch Johnson-Woods hervor, wie unglaublich facettenreich und divergent zugleich die Serie ist:

> Parody, satire, caricature, punning, ridicule, silliness, absurdity, irreverence, incongruity, and slapstick overlap and collide in the best *South Park* episodes. […] The humor is blissfully vulgar, scatological, and sacrilegious.[18]

Letztendlich dürfte es aber wohl diese ungewöhnliche Mischung sein, die *South Park* so erfolgreich gemacht hat, denn die Serie schlug in den USA ein wie eine Bombe. Innerhalb kürzester Zeit konnte der TV-Sender Comedy Central nicht nur ihren Marktanteil vervielfachen, sondern wurde aufgrund des großen Interesses an *South Park* in das Programmpaket vieler Kabelanbieter aufgenommen – ein wichtiger Faktor, um sich in der amerikanischen Kabel-TV-Landschaft durchsetzen zu können.[19] Der Erfolg bei den Zuschauern verhalf dem Sender aber nicht nur zu bemerkenswerten Reichweiten und dementsprechend hohen Werbeeinnahmen, auch die Merchandising-Produkte, die Lizenzweitergabe an andere TV-Sender sowie der Video- und DVD-Verkauf brachten mittlerweile mehrere 100 Mio. Dollar

---

[14] Vgl.: „Death", in: *South Park: Die Komplette Erste Season,* Disc 2 (DVD: Paramount Home Entertainment, 2007), [USA, 1997].
[15] Vgl.: „Pink Eye", in: *South Park: Die Komplette Erste Season,* Disc 2 (DVD: Paramount Home Entertainment, 2007), [USA, 1997].
[16] Vgl.: „Big Gay Al's Big Gay Boat Ride", in: *South Park: Die Komplette Erste Season,* Disc 1 (DVD: Paramount Home Entertainment, 2007), [USA, 1997].
[17] Vgl.: „Mr. Hankey, The Christmas Poo" , in: *South Park: Die Komplette Erste Season*, Disc 3 (DVD: Paramount Home Entertainment, 2007), [USA, 1997].
[18] Johnson-Woods, *Blame Canada*, S.101.
[19] Vgl.: Johnson-Woods, *Blame Canada*, S.6f.

ein.[20] Darüber hinaus wurden die Produzenten viermal mit dem Emmy in der Kategorie „Outstanding Animated Program" ausgezeichnet.[21] Der Film *South Park – Bigger, Longer, Uncut* brachte Trey Parker im Jahr 2000 sogar eine Oscar-Nominierung für das beste Lied ein (Titel: *Blame Canada*).[22] Für den Sender Comedy Central ist *South Park* quasi die „eierlegende Wollmilchsau": „Overall, the series has done for Comedy Central what *The Simpsons* did for FOX. It *made* Comedy Central."[23]

2.1 *South Park* in der Öffentlichkeit

Gute Quoten, Einnahmen durch den Verkauf von Merchandising-Artikel oder Filmpreise sind nur eine Möglichkeit, um die gesellschaftliche Bedeutung der Serie *South Park* aufzuzeigen. Darüber hinaus sind aber natürlich auch die medialen Reaktionen ein entscheidender Faktor dafür, ob eine Fernsehserie relevant und dementsprechend erfolgreich ist oder aber in der Versenkung verschwindet. Und *South Park* war in seinen mittlerweile 15 Jahren fast immer ein Garant für Schlagzeilen. Man ist sogar geneigt zu sagen, dass der Erfolg von *South Park* vor allem durch die mediale Resonanz bestimmt wurde:

> *South Park* has managed to carve a special niche, a niche helped by its ability to keep constantly in the media – few episodes go by without the series generating some press.[24]

2.1.1 Reaktionen in der Presse

In den USA berichteten bereits zum Serienstart die wichtigsten Zeitungen und Zeitschriften des Landes über die Sendung und urteilten trotz, oder gerade wegen des offensiven und schockierenden Stils überraschend wohlwollend über *South Park*. So fasste Stuart Miller die Berichterstattung über die Serie folgendermaßen zusammen: „Everywhere from *TV Guide* to *Newsweek* to *USA Today*, the show enjoyed positive reviews."[25] Im Mittelpunkt stand dabei natürlich das kontroverse

---

[20] Vgl.: "Debmar Studios Acquires Broadcast Syndication Rights to Comedy Central's 'South Park'", auf: *PR Newswire United Business Media* (Web: www.prnewswire.com, 03.09.2002).
[21] Ausgezeichnet wurden dabei die Episoden „Best Friends Forever" (2005), „Make Love, Not Warcraft" (2007), „Imaginationland" (2008) und „Margaritaville" (2009). Vgl.: "Emmy Award History Search", auf: *Academy of Television Arts & Sciences* (Web: www.Emmys.com).
[22] Vgl.: "Recources and Databases", auf: *The Academy Of Motion Picture Arts And Sciences* (Web: www.oscars.org).
[23] Johnson-Woods, *Blame Canada*, S.8.
[24] Johnson-Woods, *Blame Canada*, S.256.
[25] Stuart Miller, „Comedy Central's 'South Park' Shocks Cable", in: *Multichannel News* (15.12.1997), zitiert aus: Johnson-Woods, *Blame Canada*, S.25.

Potential von *South Park*, das u.a. auch von Chris Vognar in der *Dallas Morning News* betont wurde:

> Time will tell how well the *South Park* kids maintain the ability to shock and entertain. In the meantime, sidle up to the TV for some big-boned laughs – or get ready to write your cable company in protest.[26]

Die *New York Times* bezeichnete *South Park*, im Vergleich zu ähnlichen Erwachsenen-Zeichentrickserien wie *The Simpsons, Beavis and Butt-head* oder *King of the Hill* als „most bizarre of all".[27] Die *Newsweek* räumte sogleich ein, dass die Serie vor allem wegen des vulgären Sprachgebrauchs alles andere als eine Kindersendung ist: „These kids don't just say the darnest things. They say some of the raunchiest things an adult can dream up."[28] Obwohl viele Kritiken insbesondere den fäkalen und vulgären Humor der Serie hervorgehoben haben, sah man in der Serie aber auch einen intelligenten und längst fälligen Befreiungsschlag gegen die Political Correctness:

> No matter how nasty and scatalogical it gets, it's never just dumb and dumber. Besides all the bathroom humor, the show is built on clever, equal-opportunity satire as it stomps over every politically correct sensitivity of the past decade.[29]

Auch die wichtigsten deutschsprachigen Printmedien berichteten zum Start der Serie im deutschen Fernsehen Ende 1999 über *South Park* – aber man war dabei mit den Lobeshymnen weit zurückhaltender als die amerikanischen Kollegen. So stellte *Die Zeit* mit dem Titel "Durchfall-TV" gleich klar, welchen Schwerpunkt sie bei der Serie vermutet:

> Eigentlich müssten die vier Kugelköppe mit entblößten Hinterteilen durch die Serie tollen - weil es immer wieder darum geht: was hinten rauskommt, rauskommen könnte, rauskommen sollte und nicht rauskommen darf.[30]

Gleichzeitig sah man hinter der Political Incorrectness der Show einen Trend, der in dieser Form wohl nur aus den USA kommen und auch nur dort erfolgreich sein könne.[31]

---

[26] Chris Vognar, „'South Park': Having Some Fun in the Gutter", in: *Dallas Morning News* (11.08.1997), zitiert aus: Johnson-Woods, 2007, S.25.
[27] Vgl.: Anita Gates, "In 'Southpark': The Adventures of Foulmouthed Tots", auf: *The New York Times* (Web: www.nytimes.com, 10.08.1997).
[28] "'Peanuts' Gone Wrong", auf: *Newsweek Magazine* (Web: www.newsweek.com, 21.07.1997).
[29] Matthew Gilbert, „Cute but Crude, Sly Kids Can Kick 'Butt-head'", in: *Boston Globe* (28.1.1998), zitiert aus: Johnson-Woods, 2007, S.25.
[30] Barbara Sichtermann, "Durchfall-TV", auf: Die Zeit Online (Web: www.zeit.de, 28.10.1999).
[31] Vgl.: Sichtermann, „Durchfall-TV", Web.

Auch die *TAZ*, der *Tagesspiegel* oder die *Neue Zürcher Zeitung* von der Serie enttäuscht:

> Die Hoffnungen auf eine so richtig saftige Schweinerei waren geweckt. [...] Die ersten drei Folgen haben die kühnen Bubenträume wie Seifenblasen zerplatzen lassen.[32]

> Das soll witzig, frech, pervers, scharf sein? Einfallslos fluchen die Trick-Pennäler durch die Lande - schlimmstenfalls ‚Arschloch' und ‚Scheiße' brüllen sie.[33]

> Was im Mutterland in Zeichentrick verpackt werden muss, bricht im deutschen Fernsehen noch lange keine Tabus. Witze über Polen, Schwule und dicke Kinder hat längst Harald Schmidt gerissen und über Fäkalien haben wir schon bei ‚Werner' nicht gelacht.[34]

All diesen Kritiken ist gemeinsam, dass sie den Fäkalhumor der Serie als infantil abstempelten und die immanente Gesellschaftskritik lediglich als Angriff auf die amerikanische Doppelmoral und Political Correctness sehen, die jedoch im europäischen Raum bei bei weitem keine so große Rolle spiele. Dass man aber auch in Europa über solche Anspielungen lachen kann – und sei es nur über die Verlogenheit der amerikanischen Gesellschaft – betonte *Der Spiegel*, der in seiner Kritik auch lobende Worte für die Serie fand:

> ‘South Park' ist ein Frontalangriff auf das verlogene Amerika, auf die ‚Political Correctness' der neunziger Jahre. Lustvoll und kenntnisreich verstoßen die Serienmacher Trey Parker, 29, und Matt Stone, 28, gegen die gesellschaftlichen Regeln, jeder darf wieder verspottet und diskriminiert werden.[35]

Im Ländervergleich dieser Berichte sticht in erster Linie hervor, dass die Serie in der amerikanischen Medienlandschaft wesentlich wohlwollender aufgenommen und bewertet wurde als in Deutschland. Während in den USA vor allem der sarkastische Angriff auf die Political Correctness als gesellschaftlicher Befreiungsschlag angesehen und gelobt wurde, konnten die Kritiken aus Deutschland in diesem Angriff nur wenig Relevanz für den europäischen Raum erkennen – und dementsprechend war man enttäuscht darüber, dass die medialen Vorschusslorbeeren aus den USA nicht erfüllt werden konnten. Dadurch wird auch

---

[32] Gerda Wurzenberger, "'South Park' - eine Medienseifenblase", S. 79. In: *Neue Zürcher Zeitung* (Zürich: Neue Zürcher Zeitung , 25.09.1999), S.79.
[33] Jutta Heeß, "Toller als die Simpsons", S. 5. In: *taz. die tageszeitung* (Berlin: taz, 28.09.1999), S.5.
[34] Tina Angerer, "We are not amused", S. 35. In: *Der Tagesspiegel* (Berlin: Der Tagesspiegel, 07.09.1999), S.35.
[35] Peter Onneken und Dietmar Pieper, "Rabiate Zyniker", S.104. In: *Der Spiegel* (Hamburg: Spiegel-Verlag Rudolf Augstein, *Ausgabe 33/1999*), S.104f.

bewusst, dass die Serie in erster Linie für die amerikanische Gesellschaft produziert wird und die permanenten Angriffe auf Tabuthemen letztendlich auch dort ihre größte Brisanz haben. Diese Charakteristik ist einerseits der Grund dafür, warum der Fokus dieser Arbeit in erster Linie auf den Zensurmaßnahmen in den USA liegt. Andererseits kann so aber auch erklärt werden, warum es im (westeuropäischen) Ausland im Laufe der Jahre kaum öffentliche Aufschreie gegen die Serie gegeben hat, während sich in den USA des Öfteren Interessensgruppen hervorgetan haben, die sich über die Serie beschwert haben.

2.2.2 Proteste gesellschaftlicher Interessensgruppen

In den Vereinigten Staaten wurde *South Park* vor allem von zwei Organisationen immer wieder an den Pranger gestellt. Zum Einen von der Jugendschutzorganisation *Parents Television Council*, kurz *PTC*, die 1995 vom christlich-konservativen Aktivisten Brent Bozell gegründet wurde. Diese Privatorganisation hat es sich zum Ziel gesetzt, Minderjährige vor den „negativen Effekten" des Fernsehens zu beschützen, in erster Linie vor „sex, violence and profanity"[36]. Dabei setzen sich die Mitglieder nicht nur für eine Verschärfung der Jugendschutzgesetze in den USA ein, sondern betreiben auch ein umfangreiches Informationssystem, das Eltern familienfreundliche TV-Sendungen empfiehlt und gleichzeitig vor bedenklichen und jugendgefährdenden Programminhalten warnen soll.[37] Es verwundert also nicht, dass diese Organisation von Beginn an gegen *South Park* und deren schlechten Einfluss auf Kinder und Jugendliche gewettert hat. So resümierte deren Präsident nach der ersten Staffel, dass der obszöne Sprachgebrauch und die sexuellen Anspielungen das für Kinder erträgliche Maß bei Weitem übersteigt: „There are limits, and this show's gone too far."[38]

Die zweite Organisation, die sich oft gegen *South Park* aufgelehnt hat, ist die *Catholic League for Religious and Civil Rights*. Diese christliche Organisation hat sich über die Jahre hinweg als der wohl vehementeste Gegner der Serie etabliert und stößt sich dabei in erster Linie an den blasphemischen Inhalten der Sendung: „'*South Park*' creators Matt Stone and Trey Parker habitually cross the line. They

---

[36] Vgl.: PTC, „L. Brent Bozell. Founder, Parents Television Council", auf: *Parents Television Council* (Web: www.parentstv.org, *ohne Datum*).
[37] Vgl.: PTC, "What is the PTC's mission?" auf: *Parents Television Council* (Web: www.parentstv.org, ohne Datum).
[38] Vgl.: Brent Bozell, „'South Park, Reconsidered, Sort of", Web.

are not so much interested in poking fun as they are in lashing out."[39] Vor allem William Donohue, der Präsident dieser Organisation, setzt sich sehr oft dafür ein, seiner Abneigung gegen die Serie durch mediale Feldzüge mehr Nachdruck zu verleihen. Dennoch bestätigen die Produzenten Stone und Parker, dass sich die Proteste aus dem christlichen Lager ansonsten eher in Grenzen halten:

> He's just shameless enough and douchy enough to go on TV and bitch about it. It seems like there's the other side, but also it makes it sound like Catholics out there are really up in arms over this, and they're not.[40]

Trotzdem zeichnete sich die *Catholic League* letztendlich für einen durchaus bemerkenswerten Zensurfall bei *South Park* verantwortlich, auf den ich noch im Kapitel „*South Park* vs. Religion" näher eingehen werde.

2.2.3 Wissenschaftliche Arbeiten über *South Park*

Mittlerweile wurde die Serie auch als äußerst nährreicher Boden wissenschaftlicher Betrachtungen entdeckt. So wurden bereits einige Arbeiten veröffentlicht, die sich vor allem mit dem tabubrechenden, gesellschaftskritischen Potential der Serie beschäftigen und gleichzeitig auch einen ersten Einblick in die Zensurgeschichte von *South Park* geben. Besonders hervorzuheben ist dabei die Arbeit von Toni Johnson-Woods, die in ihrer umfangreichen Publikation *Blame Canada!* das „Phänomen" *South Park* zu erfassen versucht. Anhand zahlreicher Medienberichte, Hintergrundinformationen und Interviews betont sie das Naheverhältnis der Serie zu gesellschaftsrelevanten Themen und hebt dabei auch hervor, welch großen kulturellen Einfluss die Serie in den USA hat. Für Johnson-Woods ist es vor allem der absurde, aber dennoch stets gut reflektierte Humor, der *South Park* von anderen Zeichentrickserien hervorhebt: „*South Park* stepped into a discursive space and filled a political and cultural void."[41]

Zensur ist für Johnson-Woods bei *South Park* jedoch ein fast vernachlässigbarer Bereich, den sie in erster Linie in den internen Vorgaben und Richtlinien des Senders, den sogenannten *Standards and Practices*, verortet und der sich ihrer Meinung nach vorwiegend auf den vulgären Sprachgebrauch der Serie fokussiert. Einschränkungen und Zensurmaßnahmen, die durch Proteste diverser

---

[39] "'South Park' lashes out again", auf: *Catholic League for Religious and Civil Rights* (Web: www.catholicleague.com, 23.04.2002).
[40] „Fantastic Easter Special", TC 00:04:39 (Tonspur: Audio-Kommentar). In: *South Park: Die Komplette Elfte Season,* Disc 1 (DVD: Paramount Home Entertainment, 2009), [USA, 2007].
[41] Vgl.: Johnson-Woods, *Blame Canada,* S.258.

Interessensgruppen durchgesetzt werden konnten oder durch gesetzliche Vorschriften bestimmt wurden, kann Johnson-Woods nur in geringem Maße ausmachen. Vielmehr betont sie, dass die Serie immer wieder neue Bereiche erschlossen hat, die im US-Fernsehen lange Zeit tabuisiert wurden.[42]

Gleich zwei Aufsatzsammlungen wurden unter dem Titel *South Park and Philosophy* veröffentlicht. Dabei setzen sich die Autoren mit dem scheinbar unerschöpflichen Repertoire gesellschaftsrelevanter Themen bei *South Park* auseinander und philosophieren anhand der Serie über Themenfelder wie Politik, Religion, Moral, Gender, Rassismus, Drogenkonsum und sogar Stammzellenforschung. Beide Publikationen fassen *South Park* dabei als eine Serie auf, die ihr Publikum schockieren, mitunter sogar beleidigen will, aber gleichzeitig auch zum Nachdenken anregt und eine moralisch begrüßenswerte Botschaft vermittelt.[43] Während Richard Hanley *South Park* als „one of the most philosophically important shows on television"[44] bezeichnet, beschreibt Robert Arp die Serie folgendermaßen: „The goal of both South Park and philosophy is to discover truth and make the world a better place to live in."[45] Vom kulturellen Ruin, den die PTC in der Serie *South Park* verortet, ist in diesen Aussagen also wenig zu spüren. Auch Jeffrey A. Weinstocks Essay-Zusammenstellung *Taking South Park Seriously* schlägt inhaltlich wie perspektivisch in die gleiche Kerbe wie die beiden Philosophie-Werke. Doch während in den beiden erstgenannten Büchern Zensurmaßnahmen bei der Serie fast vollständig ausgeblendet werden, widmet sich Weinstock zumindest oberflächlich auch dieser Thematik. Dabei kommt er zu einem ähnlichen Ergebnis wie Johnson-Woods – *South Park* wird zwar gelegentlich durch zensurähnliche Maßnahmen eingeschränkt, dies geschieht jedoch, in Anbetracht der Fülle an typischen Zensurthemen, erstaunlich selten. Den Hauptgrund sieht er dabei in den gesetzlichen Freiheiten, die in den USA vor allem dem Kabelfernsehen eingeräumt werden: *„South Park* is clearly a

---

[42] Vgl.: Johnson-Woods, *Blame Canada*, S.82ff bzw. S.257.
[43] Beide Arbeiten behandeln in etwa die gleichen Themenkomplexe – Während Richard Hanley die meisten Artikel in seinem „Sammelband" jedoch selbst verfasst hat und somit recht einseitig ist, gestaltet sich die Zusammenstellung von Robert Arp durch die Anzahl der Autoren wesentlich abwechslungsreicher und ist dementsprechend auch empfehlenswerter.
[44] Richard Hanley (Hg.), *South Park and Philosophy: Bigger, Longer, and More Penetrating* (Peru, Illinois: Carus Publishing, 2007), S.12 [= S.xii].
[45] Robert Arp (Hg.), *South Park and Philosophy: You know, I learned something today* (Malden: Blackwell Publishing, 2007), S.2.

phenomenon related to the rise of cable television with its more lenient censorship standards and immense range of programming."[46]

All diesen wissenschaftlichen Arbeiten ist Eines gemeinsam: Sie führen zwar einerseits an, dass die Serie durch ihren Fäkalhumor, vulgären Sprachgebrauch und der schonungslosen Überschreitung von Tabugrenzen großes Potential bieten würde, um bei gesellschaftlichen Gruppen und Institutionen anzuecken und Proteste hervorzurufen. Andererseits scheint Zensur bei der Serie, trotz gelegentlich aufkeimender Kontroversen, dennoch nur eine untergeordnete Rolle zu spielen. Da stellt sich die Frage, warum *South Park* zwar immer wieder eine soziale Unverträglichkeit nachgesagt wird, sich die Produzenten aber dennoch relativ selten in ihrer offensiven Ausrichtung einschränken mussten. Einige wichtige Faktoren, die diesen Widerspruch erklären können, sollen im Folgenden beleuchtet werden.

---

[46] Vgl.: Jeffrey A. Weinstock (Hg.), *Taking South Park Seriously* (New York: State University of New York Press, 2008), S.11.

17

2.3 Verteidigungsstrategien à la *South Park*

Wie wir gerade gesehen haben, ist die Serie *South Park* Satire in Reinform und ein beispielloser Umschlagplatz für Tabubrüche jeglicher Art. Aber nicht jeder Tabubruch ruft gleich Zensoren auf den Plan. Zwar betont auch Freud in seiner 1905 veröffentlichten Arbeit *Der Witz und seine Beziehung zum Unbewussten*, dass es in jeder Gesellschaft Instanzen gibt, die sich für die Aufrechterhaltung bestimmter Tabuthemen einsetzen. Gleichzeitig erkennt er aber vor allem im Humor eine mögliche Strategie, mit der diese Instanzen in einem gesellschaftlich akzeptablen Rahmen umgangen werden können.[47] Schröder hebt in diesem Zusammenhang die temporäre Tabuaufhebung hervor, die vor allem als Ventilfunktion für die Gesellschaft dienen kann. Dabei dürfen in bestimmten Situationen und Umgebungen Tabus gebrochen werden, ohne dass dabei mit Konsequenzen oder Sanktionen gerechnet werden muss. Solche Situationen können wissenschaftliche Diskurse sein, aber auch Witze, Satire oder der Karneval.[48] Dieser Faktor ist wohl der entscheidende Grund dafür, warum die hemmungslosen Tabubrüche bei *South Park* eine größere gesellschaftliche Akzeptanz finden, als es bei einer ernsthaften Auseinandersetzung möglich wäre. Es gibt jedoch eine Reihe weiterer Faktoren, die für das schonungslose Konzept der Serie förderlich sind und den Produzenten, aber auch dem Sender Comedy Central, als Verteidigungsstrategie dienen, um die Bestrebungen zensurbestimmender Instanzen im Keim zu ersticken.

Verteidigungsstrategie 1: Matt Stone und Trey Parker als *Equal-Opportunity Offenders*

Bei einer Arbeit über *South Park* muss man sich unweigerlich auch den kreativen Köpfen hinter der Serie widmen: Trey Parker und Matt Stone. Kaum eine andere TV-Serie ist über einen so langen Zeitraum so eng mit seinen Erfindern verbunden wie diese Produktion. Bis heute zeichnen sich Stone und Parker hauptverantwortlich für die Ideen und das Drehbuch der Serie, sie überwachen alle Produktionsstufen und synchronisieren zudem den Großteil der Figuren

---

[47] Vgl.: Sigmund Freud, *Der Witz und seine Beziehung zum Unbewußten* (Frankfurt a.M.: Fischer, 1958), S.97-130. [Orig. 1905]. Hierbei ist insbesondere das Kapitel „Die Tendenzen des Witzes" von Interesse.
[48] Vgl.: Schröder, "Zur Kulturspezifik von Tabus", S.62.

selbst.[49] Die beiden verleihen der Serie aber vor allem durch ihren perfiden Sinn für Humor die entscheidende Note und führen *South Park* damit oftmals an die Grenze der sozialen Verträglichkeit:

> We never thought that we've ever done the show to push the envelope. We do the show to tell stories, and that just happens to be our sense of humor, which pushes the envelope.[50]

Wichtigster Ausgangspunkt der beiden ist dabei, dass sie sich über Alles und Jeden lustig machen – eine Haltung, die sich sehr schön im Ausdruck *Equal-Opportunity Offender* widerspiegelt. Entscheidendes Merkmal ist dabei, dass sich ihre Angriffe nicht auf bestimmte Ziele fokussieren, sondern dass potentiell jeder zum Opfer dieser Verbalattacken werden kann. Es wird also niemand benachteiligt, dafür aber auch niemand bevorzugt: „The idea being that if everyone is offended equally, no one is singled out, and therefore anyone who takes offense is being overly sensitive and 'can't take a joke.'"[51] In den USA ist dieser Ausdruck vor allem bei Stand-up Comedians und Satirikern eine gängige Strategie, um sich gegen den Vorwurf rassistischer oder sexistischer Beleidigungen wirksam verteidigen zu können.[52] Denn mit dieser Rechtfertigung geben die Beschuldigten zwar einerseits zu, dass sie sich politisch nicht ganz korrekt verhalten haben, andererseits stufen sie ihre beleidigenden Aussagen jedoch keineswegs als einen Akt des Hasses gegen eine bestimmte Minderheit ein. Vielmehr verteidigen sich die Spötter eben damit, dass bei ihren Angriffen generell keine Gruppe verschont wird und somit auch kein Geschlecht, keine ethnische Herkunft oder religiöse Gemeinschaft bevorzugt oder benachteiligt wird. In dieser Phrase schwingt demnach also auch ein Hauch von Gleichberechtigung mit.

Auch *South Park* wird häufig dieses Prädikat des *Equal-Opportunity Offenders* verliehen: „By being an ‚equal opportunity offender' the series managed to take both sides and no sides in every issue."[53] Dementsprechend rechtfertigte Isaac Hayes, der jahrelang die Stimme der Figur Chefkoch synchronisiert hat, die

---

[49] Eric Goldman, "South Park: Matt and Trey Speak Out, Part 2", auf: *IGN Entertainment* (Web: tv.ign.com, 17.07.2006).
[50] Robert Wilonsky, "It Happens: Ohmigod! Five seasons in, South Park's the funniest show on TV", auf: *Broward Palm Beach NewTimes* (Web: www.browardpalmbeach.com, 26.07.2001).
[51] Weinstock, *Taking South Park Seriously*, S.13.
[52] Dementsprechend versah auch William Clotworthy, der jahrelang als Zensor der Show „Saturday Night Live" gearbeitet hat, seine Erzählungen über seine Arbeit mit dem Untertitel „equal opportunity offender". Vgl.: William G. Clotworthy, *Saturday Night Live: Equal Opportunity Offender. The Uncensored Censor* (Bloomington: AuthorHouse, 2001).
[53] Hal Erickson, "South Park [Animated TV Series]", auf: *MTV* (Web: www.mtv.com, ohne Datum).

tabulosen Rundumschläge von Trey Parker und Matt Stone mit folgenden Worten: „They're equal-opportunity offenders. Don't be offended by it. If you take it too seriously, you have problems."[54] Und auch für Comedy Central ist das hemmungslose Konzept der Serie, bei dem kein Thema verschont wird, ein wichtiger Schlüssel dazu, um sich gegen Kritiken von Außen wehren zu können. Als es z.B. zu heftiger öffentlicher Kritik an den Episoden "Trapped in the Closet" und "Bloody Mary" gekommen war, verteidigte der Sender seine Produzenten folgendermaßen:

> If you know 'South Park', they are free, and have been, to satirize anybody and anything they want to. They've made fun of MTV, they've made fun of Viacom, they've made fun of Comedy Central, and we've never interfered with them.[55]

An solchen Aussagen lässt sich also durchaus erkennen, dass der perfide Humor von Trey Parker und Matt Stone, der vor nichts und niemanden zurückschreckt, sogar sehr förderlich sein kann, um sich gegen zensorische Maßnahmen von Außen verteidigen zu können.

Verteidigungsstrategie 2: Stil und schnelle Produktion

Aber nicht nur inhaltlich fällt *South Park* aus dem Rahmen, auch stilistisch unterscheidet sich die Serie sehr stark von Disney-Zeichentrickfilmen oder Serien wie *Die Simpsons* oder *Family Guy*. Denn während diese versuchen, ihre Figuren so perfekt wie möglich in Szene zu setzen, merkt man *South Park* bis heute einen Hang zum Rudimentären abseits jeglicher Perfektion an. Für die ersten Episoden wurden alle Figuren, Häuser und Mundbewegungen von Stone und Parker in mühsamer Handarbeit ausgeschnitten und per Stop-Motion-Technik aufgenommen. Mittlerweile wird die Produktion zwar über Computersoftware produziert, dennoch bleibt die Serie ihren stilistischen Anfängen treu, denn im simpel gehaltenen Zeichenstil sehen Stone und Parker einen entscheidenden Grund dafür, dass sie oftmals die Bedenken der Senderverantwortlichen entkräften konnten und dadurch auch häufig ungeschriebene TV-Tabus brechen konnten:

---

[54] Phil Roura, "5 Minutes With...isaac Hayes", auf: *New York Daily News* (Web: www.nydailynews.com, 13.01.2006).
[55] Lisa de Moraes, "Everyone's in a Stew Over 'South Park' Chef", auf: *The Washington Post* (Web: www.washingtonpost.com, 18.03.2006).

There's this thing we get away with, because it's these dumb, shitty cut-outs, that a lot of things that seem like they're just gonna be so hardcore and so brutal, as soon as you see it done by shitty cut-outs, it makes it all just silly. And that's why, a lot of times, we'll send Comedy Central the animatics, so it's just basically drawings and the dialogue. And at that point, they'll be like 'No, I don't know.' And then, a lot of times, they'll see it animated and be like, 'Yeah, I guess it's not that bad'.[56]

Durch diesen stilistischen Minimalismus ist es den Machern von *South Park* zusätzlich möglich, die Produktionsdauer einer Folge drastisch zu verkürzen. Während bei Serien wie *Die Simpsons* von der ersten Idee bis zur Ausstrahlung der fertigen Episode mehrere Monate vergehen können, werden viele *South Park* Folgen innerhalb weniger, manchmal sogar innerhalb einer einzigen Woche geschrieben, animiert, synchronisiert und fertiggestellt. So startet der Prozess häufig mit der Themenwahl am Donnerstag und endet mit der Ausstrahlung am darauf folgenden Mittwoch.[57] Durch diese kurze Produktionsphase ergeben sich auch zwei Nebeneffekte, die sich positiv auf das tabubrechende Konzept der Serie auswirken: Einerseits wird es für die Produzenten möglich, relativ kurzfristig auf die aktuellsten Themen und Nachrichten einzugehen, die gerade gesellschaftlich brisant sind. So konnten die US-Zuschauer bereits am Abend nach der US-Präsidentenwahl 2008 in der Episode „About Last Night" sehen, wie sich die Fans von Barack Obama über die Anhänger des Verlierers John McCain lustig machen.[58] Durch diese schnelle Reaktionszeit steigt natürlich auch das Potential, Konflikte hervorzurufen und noch nicht abgeebbte Debatten weiter anzuheizen. Wie kritisch eine solch aktuelle Auseinandersetzung mit bestimmten Themen sein kann, wird man im Verlauf dieser Arbeit noch bei den Ereignissen rund um den „Fall Mohammed" sehen. Andererseits bietet sich den Verantwortlichen bei Comedy Central aufgrund der sehr kurzen Produktionszeit kaum die Möglichkeit, die Episoden vorher vollständig auf anstößige oder problematische Inhalte zu überprüfen bzw. größere Änderungen vornehmen zu lassen.[59] Komplett ohne Prüfung geht es allerdings auch bei *South Park* nicht, denn das grundlegende

---

[56] "Le Petit Tourette", TC 00:02:06 (Tonspur: Audio-Kommentar). In: *South Park: Die Komplette Elfte Season,* Disc 2 (DVD: Paramount Home Entertainment, 2009), [USA, 2007].
[57] Vgl.: Goldman, "South Park", Web.
[58] Vgl.: „About Last Night", in: *South Park: Die Komplette Zwölfte Season,* Disc 2 (DVD: Paramount Home Entertainment, 2009), [USA, 2008].
[59] Vgl.: Ted Gournelos, "Blasphemous Allusion: Coming of Age in *South Park*", S. 146. In: *Journal of Communication Inquiry* (Thousand Oaks, Kalifornien: SAGE Publications, Volume 33/Number 2/2009), S.143-168.

Thema jeder Episode sowie einzelne kritische Passagen werden im Vorfeld meist zwischen Sender und Produzenten abgeklärt, um mögliche Schwierigkeiten mit Werbepartnern zu verhindern.[60]

Verteidigungsstrategie 3: Tabubruch als PR-Aktion

Das Produktionsteam rund um Trey Parker und Matt Stone könnte niemals so scharfzüngig und kontrovers zu Werke gehen, wenn nicht auch deren Auftraggeber die Genehmigung dazu geben würden. So waren sich die Verantwortlichen bei Comedy Central bzw. deren Präsident Doug Herzog von Anfang an bewusst, dass sie mit *South Park* an die gesellschaftlichen Grenzen stoßen werden und dies auch bewusst wollen. Bereits vor der Premiere betonte man in Interviews das kontroverse Potential der Serie, um dadurch die notwendige Publicity für die Show zu erreichen. Aussagen wie "I can guarantee it's gonna be the raunchiest thing on TV and it's gonna piss a lot of people off" (Trey Parker) oder "People will say we've gone too far" (Doug Herzog) untermauern eindrucksvoll, dass die offensive Ausrichtung der Serie von Beginn an Mittel zum Zweck war, um ins Gespräch zu kommen und Zuschauer anzulocken.[61] Mit Erfolg, wie sich gezeigt hat.

Dennoch waren sich auch die Verantwortlichen bei Comedy Central durchaus bewusst, dass man sich mit *South Park* auf ein unbekanntes Terrain vorwagte, bei dem die gesellschaftliche Reaktion auf beide Seiten hätte fallen können: entweder in heftige Proteste und Ablehnung oder in Aufmerksamkeit, Akzeptanz und hohe Einschaltquoten. So schildert Doug Herzog, dass die Tage vor der Erstausstrahlung durchaus von Bedenken geprägt waren:

> I was very nervous. I remember thinking, 'Can I go to jail for this?' There was a lot of stuff that was enormously troublesome to me as a whatever - as a network executive, as a parent, as a human being. But I think Comedy Central's success has come from letting people like Matt and Trey pursue their vision and not getting in the way."[62]

Dieser Mut zum Risiko erklärt auch, warum der Handlungsspielraum, den Comedy Central Trey Parker und Matt Stone einräumt, für das TV-Business ungewöhnlich groß ist. So betonte Stone in einem Interview, dass die beiden wohl tatsächlich

---

[60] Vgl.: Tasha Robinson, "Trey Parker & Matt Stone", auf: *The A.V. Club* (Web: www.avclub.com, 19.02.2008).
[61] Vgl.: "'Peanuts' Gone Wrong", Web.
[62] Frank Rose, "Building the Fun Bomb", auf: *WIRED* (Web: www.wired.com, Februar 2005).

mehr Freiheiten zugesprochen bekommen als die meisten anderen TV-Produzenten:

> We do have Standards & Practices look at the script, and Legal does too. But we probably get more leeway than most shows. And if we want to do something special [...] there's always a negotiation process, and if we can give a reason for it that's defendable to them, and to our advertisers, then they let us do it.[63]

In dieser Aussage fällt ein wichtiges Schlagwort – die *Standards & Practices*. Dabei handelt es sich um jene internen Richtlinien, in denen der Sender bestimmt, welche Inhalte für die Ausstrahlung zulässig sind und welche nicht. Denn auch wenn es bisher vielleicht so gewirkt haben mag, vollkommene Narrenfreiheit haben Stone und Parker nicht. Natürlich müssen sich auch die Produzenten von *South Park* an die Anweisungen des Senders halten, der vorgibt, was in der Sendung erlaubt ist und was nicht. So kam es z.B. bei der kontroversen Episode „Bloody Mary", in der Blut aus dem Hintern einer Marienstatue spritzt und dabei den Papst besudelt, zu einigen restriktiven Vorgaben:

> A lot of times, when the whole story hinges on one thing, we'll tell the network the idea first, to make sure they're not gonna pull it on us. They had some comments on that one [„Bloody Mary", Anm.] They didn't want it to look like a butt. And they didn't want anybody putting their finger in the butt. [...] You are supposed to care about that. We absolutely get a pass.[64]

Verteidigungsstrategie 4: Tabubrüche im Wandel der Zeit

Wie wir gesehen haben, tastet sich *South Park* durch die Wahl brisanter und heikler Themen immer wieder an die Grenzen gesellschaftlicher Tabus heran. Durch das ständige ausloten dieser Grenzen hat sich die Serie im Laufe der Zeit ein Image geschaffen, unter dessen Deckmantel auch der Handlungsspielraum der Produzenten immer größer geworden ist. So gibt Matt Stone an, dass man sich mittlerweile an Themen heranwagen dürfe, die zu Beginn der Serie undenkbar gewesen wären:

> [...] none of the shows we've done in the last two or three seasons could have been shown on air back in 1997. If you look at the first season, they're tame. It's definitely a lot dirtier.[65]

---

[63] Robinson, "Trey Parker & Matt Stone", Web.
[64] Mickey Rapkinl, "They Killed Kenny... And Revolutionized Comedy", auf: *GQ Magazine* (Web: www.gq.com, Februar 2006).
[65] James Poniewozik, "10 Questions for Matt Stone and Trey Parker", auf: *Time Magazine US* (Web: www.time.com, 05.03.2006).

Den Grund dafür sieht Trey Parker vor allem darin, dass sich die Zuschauer inzwischen an die offensiven und anstößigen Inhalte der Serie gewöhnt hätten und kritische Aussagen dadurch auch selten so ernst genommen werden, wie sie auf den ersten Blick vielleicht erscheinen: „We created a brand for ourselves, [...] people say, ‚Oh, yeah, that's just South Park‘."[66] Stone sieht in dieser Entwicklung jedoch keinen Trend, der sich nur auf South Park beschränkt, sondern er erkennt darin eine generelle Tendenz im Fernsehbereich, bei der jahrzehnte- und jahrhundertealte Tabus immer öfter gebrochen werden und letztendlich sogar ihren kontroversen Charakter verlieren:

> I think that television has changed, not just because of us but because of a long process starting most recently with Beavis & Butt-head and then maybe us and Jackass. It's a step- by-step process, and there will be somebody else coming down the pike here pretty soon that takes it to another level. We feel like every week we still tackle some pretty fucked-up ideas and fucked-up shows, and there's just not even a peep from anybody.[67]

Man sollte in weiterer Folge also immer auch im Hinterkopf behalten, dass sich South Park mittlerweile in der 15. Staffel befindet. Tabus, die Mitte der 90er noch nicht gebrochen werden durften, stellen im Jahr 2010 nicht mehr zwingendermaßen eine gesellschaftliche Barriere dar. So werden uns im Verlauf dieser Arbeit auch einige Beispiele begegnen, bei denen sich ehemals kritische Tabuthemen gelockert haben bzw. viel von ihrer Wirkung eingebüßt haben. Gleichzeitig werden sich aber auch neue Themenbereiche herauskristallisieren, die im Laufe der Jahre an Relevanz gewonnen haben und dementsprechend auch kritischer von der Gesellschaft betrachtet werden – auch hier wird vor allem der „Fall Mohammed" ein eindrucksvolles Zeugnis für eine solche Entwicklung sein.

Verteidigungsstrategie 5: Die gesetzlichen Bestimmungen

Auch die gesetzlichen Bestimmungen in den USA legen dem offensiven und provokativen Stil von South Park keine allzu großen Steine in den Weg, denn die Regulierung amerikanischer Medien ist traditionell von einem äußerst starkem Freiheitsgedanken und Liberalismus geprägt. Als Grundpfeiler hierfür dient das sogenannte First Amendment, das zusammen mit neun weiteren Artikeln die Bill of Rights bildet. In diesem ersten Zusatzartikel wird u.a. Meinungs-, Presse- und Religionsfreiheit zugesichert oder exakter ausgedrückt: Gesetze verboten, welche

---

[66] Poniewozik, "10 Questions for Matt Stone and Trey Parker", Web.
[67] Robert Wilonsky, "It Happens", Web.

24

diese Freiheiten einschränken könnten.[68] Mit diesem Meilenstein der Pressefreiheit sollte das *First Amendment* eigentlich ein staatliches Zensur- bzw. Einschränkungsverbot in den Medien garantieren. Für Matt Stone stellt dieser Artikel sogar eine gesetzliche Absicherung für Provokationen jeglicher Art dar:

> Part of living in the world today is you're going to have to be offended. The right to be offended and the right to offend is why we have a First Amendment. If no speech was offensive to anybody, then you wouldn't need to guarantee it.[69]

An dieser Stelle genügt vorerst das Wissen, dass der provokante Stil der Produzenten von *South Park* auch auf gesetzlicher Ebene zu großen Teilen abgesichert ist. Wo und warum sich dennoch inhaltliche Einschränkungen durch die gesetzlichen Bestimmungen ergeben, wird noch im Kapitel "South Park vs. Das Gesetz" erläutert werden.

---

[68] Vgl.: Ingrid Stapf, "Zwischen First Amendment und 'public interest': Die Regulierung des Rundfunks in den USA im Hinblick auf Jugendschutz", S. 4. In: *TV-Diskurs: Verantwortung in audiovisuellen Medien, Nr. 38* (Baden-Baden: Nomos, 04/2006,), S. 4-7.
[69] Tapper/Morris, "Secrets of 'South Park'", Web.

2.4 Zwischenresümee

Tabubruch? Ja. – Zensur? Nein. So lautet das vorläufige Fazit, dass man aus diesem Kapitel über *South Park* ziehen kann. Die Serie ist Satire in Reinform, die sich gegen jede nur erdenkliche Gruppe, Institution oder gesellschaftliche Entwicklung auflehnt und dabei kritisiert, provoziert und beleidigt. So durchbrechen die Produzenten immer wieder gesellschaftliche Normen und moralische Werte und bewegen sich dabei, in Kombination mit dem oftmals propagierten Fäkalhumor, häufig am Rande der sozialen Verträglichkeit. Tabubrüche stehen bei *South Park* an der Tagesordnung, was sowohl von Verfechtern als auch von Kritikern der Serie häufig betont wird. Dadurch könnte man nun eigentlich auch vermuten, dass die Serie immer wieder gegen inhaltliche Maßnahmen und Einschränkungen, sprich Zensur, ankämpfen musste. Doch just diese Annahme konnte sich bisher nicht bestätigen. Vielmehr scheint es so, als wären sowohl die Produzenten als auch die Senderverantwortlichen von Comedy Central bestens gegen jegliche Zensurmaßnahmen gerüstet. So hält auch Johnson-Woods fest, dass die gelegentlichen Aufschreie und Proteste gegen die Serie nur wenig am provokanten Stil der Serie ändern konnten und eine inhaltliche Zensur, wenn überhaupt, in erster Linie durch die internen Senderrichtlinien zum Tragen kommt.[70]

Dieser Umstand sollte jedoch kein Grund zur Entmutigung sein. Denn im Verlauf dieser Arbeit wird sich noch zeigen, dass es gerade durch diese internen Senderrichtlinien, es handelt sich dabei um die bereits erwähnten *Standards & Practices*, einige interessante Fälle gibt, die einer Zensur gleichkommen. Und dabei werden auch gesetzliche Vorschriften, gesellschaftliche Moralvorstellungen oder Proteste diverser Interessensgruppen durchaus eine entscheidende Rolle spielen. Um diese Zensurmaßnahmen jedoch ausfindig zu machen und richtig einstufen zu können, ist es zunächst unerlässlich, ein Verständnis für den Begriff Zensur aufzubauen und dabei auch der Frage nachzugehen, auf welchen Ebenen zensorische Maßnahmen überhaupt getroffen werden können.

---

[70] Vgl.: Johnson-Woods, *Blame Canada*, S. 82ff bzw. S.257.

3 Zensur – Ein Begriff im Wandel der Zeit

> Censorship is an enormous, wide-ranging topic, far more complex than simply cutting the 'naughty bits' out of movies, shutting down adult bookshops, or muzzling civil service whistling-blowers.[71]

> (Jonathan Green, *Encyclopedia of Censorship*)

Der zentrale Begriff dieser Arbeit ist Zensur. Doch was verbirgt sich eigentlich hinter diesem Ausdruck? Welche Bedeutung hat er für unsere Gesellschaft und in welchen Bereichen findet Zensur statt? Diese Fragen sind unabdingbar, wenn wir uns im weiteren Verlauf dieser Arbeit mit Zensurfällen bei *South Park* auseinandersetzen wollen. Eine allgemeingültige Begriffserklärung zu finden ist jedoch alles andere als einfach, denn das Phänomen Zensur hat im Laufe der Jahrhunderte immer komplexere Ausmaße angenommen und sich in den einzelnen Gesellschaften, Kulturen und Epochen unterschiedlich entwickelt. Wie vielschichtig der Begriff mittlerweile geworden ist, stellt u.a. auch Ulla Otto fest:

> Die Verwirrung, die sich allerorts in der Argumentation über das Thema Zensur bemerkbar macht, [...] belegt, wie wenig scharf umrissen und wie klärungsbedürftig der Fragenkomplex im Zusammenhang mit diesem Phänomen im Grunde noch ist."[72]

In den letzten Jahrzehnten hat sich das Problemfeld Zensur durch die Etablierung neuer Medien, wie z.B. durch das Internet, sogar noch einmal rasant verändert und weiterentwickelt. Mittlerweile ist es für jeden leicht möglich, Neuigkeiten, Nachrichten, Informationen oder seine eigenen Gedanken über das Internet zu verbreiten und mit der Welt zu teilen. Und natürlich gibt es unter diesen Massen an Aussagen auch viele Inhalte, die für bestimmte Personen oder Gruppen ein Ärgernis darstellen und dementsprechend unterdrückt werden sollen. Wie schwer dieses Unterfangen jedoch inzwischen geworden ist, zeigt sich am Beispiel der Internetseite *WikiLeaks.org*, auf der Ende 2010 tausende von vertraulichen Dokumenten der US-Regierung veröffentlicht wurden und deren Publikation, trotz der Mittel und Möglichkeiten der amerikanischen Behörde, nicht verhindert werden konnte. In einer Welt, in der praktisch jeder Daten und Informationen veröffentlichen kann und gleichzeitig auch jeder Zugriff auf diese Informationen

---

[71] Green und Karolides (Hg.), *Encyclopedia of Censorship*, S. 12 [= S. xxi].
[72] Otto, „Zensur: Schutz oder Instrument", S.5.

hat, scheint eine Zensur beinahe unmöglich geworden zu sein. Aber nur beinahe, denn wie sich in dieser Arbeit noch zeigen wird, gibt es nach wie vor Mittel und Wege, um unerwünschte Medieninhalte zu unterdrücken und zu verhindern.

Neben der technologischen Entwicklung gibt es eine Reihe weiterer Faktoren, die zur Komplexität des Themenbereichs Zensur beitragen. So muss auch die kulturelle Variable miteinbezogen werden, denn Zensurmaßnahmen sind stets auch durch ihre gesellschaftlichen Rahmenbedingungen geprägt und können von Land zu Land stark variieren. Und natürlich muss auch ein zeitlicher Wandel berücksichtigt werden. Aussagen und Themen, die gestern noch tabu waren, können bereits morgen erlaubt bzw. üblich sein. So hält auch Ulla Otto in ihrer Zensurdefinition fest, dass das Phänomen Zensur „immer nur in Relation zu einer konkreten sozialen Ordnung, die in bestimmter Weise etabliert ist und sich durch diese Äußerungen bedroht fühlt" betrachtet und analysiert werden kann.[73] Diese Grundprämisse sollte man in Anbetracht der technischen und gesellschaftlichen Entwicklungen der letzten Jahrzehnte stets im Hinterkopf behalten, wenn im Folgenden versucht wird, den Themenkomplex Zensur theoretisch aufzubereiten.

3.1 Definition von Zensur

Bei einer Begriffsdefinition ist es zunächst sinnvoll sich der Wortherkunft zu widmen. Seinen Ursprung hat Zensur im lateinischen Wort *Censura*, das mit Prüfung und Beurteilung übersetzt werden kann – es ist also kein Zufall, dass im deutschen Sprachraum Zensur auch als Synonym zur Beurteilung von schulischen Leistungen verwendet wird.[74] Etymologisch wurde der Begriff jedoch in erster Linie zur Bezeichnung eines hohen altrömischen Amtes benutzt. Etwa 400 v. Chr. wurden diese *Censores* zum ersten Mal primär mit der Aufgabe betraut, den Zensus abzuhalten, worunter die Erstellung einer Bürgerliste zu verstehen ist, die u.a. für steuerliche und militärische Zwecke verwendet wurde. Darüber hinaus fungierten die Zensoren aber auch als „Sittenwächter", wobei sie Bürgern eine Rüge aussprechen konnten, wenn diese unsoziales Verhalten an den Tag legten oder vorherrschende Sitten verletzten. In Anlehnung an diese moralische

---

[73] Vgl.: Otto, „Zensur: Schutz oder Instrument", S.9.
[74] Vgl.: *Brockhaus-Enzyklopädie, Band 30, WETZ-ZZ, 21. Auflage* (Leipzig: Brockhaus, 2006), S.539 =„Zensur".

Prüfungsinstanz wurde der Begriff über viele Jahrhunderte hinweg vor allem dafür herangezogen, um die Unterdrückung und das Verbot von gefährlichen bzw. moralisch bedenklichen Büchern und Aussagen durch die katholische Kirche zu beschreiben. [75] So findet sich eines der ältesten Relikte systematischer Zensur im *Index Librorum Prohibitorum* wieder. Dabei handelt es sich um eine Liste, die 1559 von Papst Paul IV eingeführt wurde und in der jene Bücher katalogisiert und verboten wurden, die sich für eine gesellschaftliche Reformation eingesetzt haben. Wurde man mit einem dieser Bücher erwischt, drohte dem „Sünder" die Exkommunikation. Das Verzeichnis hatte in der katholischen Kirche lange Zeit Bestand und wurde erst 1966 aufgrund mangelnder Durchsetzungskraft wieder aus den römisch-katholischen Statuten entfernt.[76] Bereits in dieser ersten historischen Betrachtung kann man also einige Elemente erkennen, die auch das heutige Verständnis von Zensur prägen: Sitte und Moral spielen dabei eine ebenso wichtige Rolle wie die Kontrolle durch autoritäre Mächte.

Die zeitgenössische wissenschaftliche Auseinandersetzung mit Zensur ist jedoch geprägt durch eine Vielzahl unterschiedlichster Ansätze, die versuchen, das breite Spektrum des Begriffes zu erfassen. Dabei bewegen sich die Definitionen, je nach wissenschaftlichem Interessensgebiet, zwischen einem eng ausgelegten, rechtsstaatlichen Begriff von Zensur und solchen Auslegungen, die sämtliche Formen und Ausprägungen zensorischer Maßnahmen beschreiben wollen. So definiert der *Brockhaus* Zensur z.B. folgendermaßen:

> 1) eine von zuständiger Stelle, i.d.R. staatl. Stelle vorgenommene Überprüfung und Kontrolle von Druckwerken und audiovisuellen Produktionen auf ihre polit., gesetzl., sittl. und religiöse Konformität und
>
> 2) die ggf. daraufhin erfolgende Unterdrückung bzw. das Verbot der unerwünschten Veröffentlichung. [...] Im wesentlichen Sinne erfasst der Begriff Zensur darüber hinaus die Kontrolle jegl. Form von Meinungsäußerung in autoritären und totalitären Staaten sowie auf nichtstaatl. Ebene.[77]

Der Zensurprozess ist auf den ersten Blick also zweigeteilt und liegt einerseits in der Kontrolle der medialen Inhalte und andererseits in deren Unterdrückung bzw.

---

[75] Konsequenz einer solchen Rüge war beispielsweise die Einstufung in eine schlechtere Steuerkategorie oder Ehrenminderung. Vgl.: Afroditi Kousouni, *Die Zensur im Fernsehen im Rahmen der deutschen und der griechischen Rechtsordnung* (Hamburg: Verlag Dr. Kovac, 2005), S.65f.
[76] Vgl.: Claus Nordbruch, *Sind die Gedanken noch frei? Zensur in Deutschland* (München: Universitas, 1998), S.29.
[77] *Brockhaus-Enzyklopädie*, Band 30, S.539 = „Zensur".

Verbot. Zwar wird mit dem Zusatz „auf nichtstaatlicher Ebene" eingeräumt, dass es neben einer staatlich geregelten Zensurpraxis auch andere Instanzen gibt, die Inhalte unterdrücken wollen, dennoch konzentrieren sich viele Begriffsauslegungen in erster Linie auf eine rechtswissenschaftliche Betrachtung und in weiterer Folge auf behördlich durchgeführte Maßnahmen.[78] Man muss sich jedoch im Klaren sein, dass eine Unterdrückung medialer Inhalte nicht nur von staatlicher Seite aus vorgenommen werden kann, sondern von den verschiedensten Stellen und aus den unterschiedlichsten Gründen erfolgen kann. So kann Zensur u.a. auch durch gesellschaftliche Normen und Werte motiviert sein und von den Medienschaffenden selbst durchgeführt werden, oder sie wird von gesellschaftlichen Interessensgruppen angestrebt, die versuchen, durch geeignete Druckmittel Einfluss auf die Produzenten und somit auf die Medieninhalte zu nehmen.[79]

Ulla Otto greift diesen Grundgedanken auf und definiert den Zensurbegriff etwas allgemeiner, indem sie einräumt, dass Zensur im heutigen Verständnis vorwiegend durch den Faktor des Verbots bestimmt ist und somit als „Freiheitsbeschränkung durch eine kirchliche, staatliche oder *andere Macht* im Geistesleben der menschlichen Gesellschaft" zu verstehen ist.[80] Mit dieser Auslegung trifft sie meiner Meinung nach sehr schön das zeitgenössische Verständnis von Zensur. Denn während sich „klassische" Definitionen in erster Linie auf eine autoritäre und vorwiegend staatliche Prüfung konzentrieren, sollte Zensur vielmehr als Vorgang betrachtet werden, der von nahezu jeder Stelle durchgesetzt werden kann, „denn nicht nur die politischen Regime in Vergangenheit und Gegenwart haben sich als Zensoren betätigt, auch die verschiedensten anderen gesellschaftlichen Gruppen haben ihre Autorität zu demselben Zweck eingesetzt."[81]

Diese Zweiteilung an möglichen Zensurstellen findet sich auch in der häufig vorgenommenen Differenzierung zwischen einem *formellen* und einem *informellen*

---

[78] Vgl.: Isabella Bossniak-Jirku, „Zensurwesen in Österreich: Die Zensurfreiheit und die Garantien der Meinungs- und Kunstfreiheit", Diss. (Salzburg: Universität Salzburg, Institut für Rechtsphilosophie, 1995), S. 57ff bzw. Kousouni, *Zensur*, S.68ff.
[79] Vgl.: Dieter Breuer, *Geschichte der literarischen Zensur in Deutschland* (Heidelberg: Quelle & Meyer, 1982), S.20.
[80] Vgl.: Otto, „Zensur: Schutz oder Instrument", S.5f.
[81] Ulla Otto, *Die literarische Zensur als Problem der Soziologie der Politik* (Stuttgart: Ferdinand Enke Verlag, 1968), S.67.

Zensurbegriff wieder. Dabei ist das spezifische Merkmal des *formellen* Zensurbegriffs, wie der Name schon sagt, die *Form* des staatlichen Einschreitens, also das Kontroll- und Unterdrückungsverfahren an sich. Wenn ein mediales Produkt, z.b. ein Theaterstück, ein Film oder ein Buch, einer staatlichen Behörde vorgelegt werden muss, die daraufhin bestimmte Inhalte oder das gesamte Werk freigibt oder verbietet, dann spricht man vom formellen Zensurvorgang.[82] Er beinhaltet letztendlich also nur die gesetzlichen Vorgaben und Richtlinien, die vorgeben, wie mediale Inhalte kontrolliert und gegebenenfalls sanktioniert werden sollen. Diesen gesetzlichen Vorgaben steht der *informelle* Zensurbegriff gegenüber. Darunter werden all jene inhaltsunterdrückenden Maßnahmen verstanden, die abseits der rechtlichen Grundlagen durchgeführt werden. Laut Breuer wird vornehmlich dann von einer informellen Zensur gesprochen, wenn „einflussreiche gesellschaftliche Gruppen mit Hilfe von psychischem, ökonomischem, politischem oder sonstigem Druck" Kontrolle auf die Veröffentlichung von Medienprodukten ausüben.[83] Die Bandbreite der einflussreichen Gruppen ist dabei vielfältig: politische Parteien können genauso dazu gezählt werden wie religiöse Institutionen und Gemeinschaften, Interessensgruppen, Unternehmen oder auch Verbände. Ein aktuelles Beispiel liefert dabei der Internationale Fußballverband FIFA, der Journalisten und Medienunternehmen bei der Fußball-WM 2010 mit umfassenden Auflagen konfrontierte. So konnte u.a. bereits die Nennung eines Teamhotels zum Entzug der Akkreditierung führen.[84] Der Journalist hat bei solchen Auflagen die Wahl: Rein rechtlich gesehen darf er die Information ohne Weiteres veröffentlichen, er muss jedoch mit harten, vielleicht sogar existenzbedrohenden Konsequenzen rechnen, was den Reporter letztendlich also durchaus nachvollziehbar in eine Selbstzensur treiben kann.

Informelle Zensur nimmt demnach auch meistens nicht direkt Einfluss in die Veröffentlichung bestimmter Inhalte, sondern wird über den *indirekten* Weg der Beeinflussung bzw. durch entsprechende Druckmittel bewerkstelligt. So versuchen Interessensgruppen einerseits durch Lobby-Arbeit die politischen und gesetzlichen

---

[82] Vgl.: Kousouni, *Zensur*, S.68f.
[83] Vgl.: Breuer, *Geschichte der literarischen Zensur*, S. 20. Breuer spricht dabei von einer „indirekten" Zensur, die jedoch vom Prinzip her einer informellen Zensur gleichgesetzt werden kann. Siehe auch: Bossniak-Jirku, „Zensurwesen in Österreich", S.78
[84] Vgl.: Jürgen Roth, "Rote Karte für Journalisten: FIFA droht kritischen WM-Reportern mit Akkreditierungsentzug", auf: *Deutschlandfunk* (Web: www.dradio.de, 05.04.2010).

Träger so zu beeinflussen, dass ihre Ansichten ins staatliche System einfließen. Andererseits kann durch finanziellen oder öffentlich erzeugten Druck auf die Journalisten, Produzenten oder Medienunternehmen ebenfalls das gewünschte Ergebnis erreicht werden. Die eigentliche Zensur erfolgt dabei jedoch auf „freiwilliger" Basis durch die Medienschaffenden selbst.[85] Wie einschneidend eine solche Form der Zensur sein kann, zeigt sich am Beispiel vieler Hollywood-Produktionen aus den 40er und 50er Jahren. So definiert Pollard vor allem jene Phase, in der der *Production Code* unter Will H. Hays gültig war, als die Hochzeit der informellen Zensur:

> Pressure groups that represent special interests constituted some of the most powerful forces for censorship. Lobbyists, pressure groups, and political and military spokespersons pressure studio executives to suppress various plot elements and controversial subjects.[86]

Eine weitere, wichtige Differenzierung des Begriffs Zensur findet man in den Begriffen der Vor- bzw. Nachzensur wieder. Das entscheidende Kriterium ist dabei der Zeitpunkt, an dem der Zensurvorgang stattfindet: Vorzensur findet immer vor der Herstellung oder Veröffentlichung eines Geisteswerkes statt, während unter einer Nachzensur jene zensorischen Maßnahmen verstanden werden, die erst nach der Publikation eines medialen Produktes zum Tragen kommen. Das mag sich zunächst banal anhören, aber aus dieser Unterscheidung ergeben sich einige weiterführende Überlegungen, die man beim Themenkomplex Zensur unbedingt beachten sollte. So soll mit einer Vorzensur in erster Linie erreicht werden, dass die Öffentlichkeit mit bestimmten Inhalten erst gar nicht in Kontakt kommt und dadurch beeinflusst werden kann.[87] Dahingehend ist auch der synonyme Gebrauch der Präventivzensur (*praevenire, lat.:* zuvorkommen, verhüten) zu verstehen. Im rechtswissenschaftlichen Verständnis ist damit eine Überprüfung sämtlicher Inhalte gemeint, bei der die Werke entweder komplett oder teilweise verboten werden oder für die Veröffentlichung freigegeben werden. Ist diese Vorprüfung verpflichtend, so spricht man von einem „allgemeinen Verbot mit Erlaubnisvorbehalt", was soviel bedeutet, dass nichts veröffentlicht werden darf, bevor es nicht genehmigt wurde.[88] Eine solch rigorose staatliche Vorzensur zielt in

---

[85] Vgl.: Bossniak-Jirku, „Zensurwesen in Österreich", S.76ff.
[86] Gerald Gardner, *The Censorship Papers: Movie Censorship Letters from the Hays Office, 1934 to 1968* (New York: Dodd, Mead, 1987), S.179.
[87] Vgl.: Kousouni, *Zensur*, S.85.
[88] Vgl.: Bossniak-Jirku, „Zensurwesen in Österreich", S.62f.

erster Linie darauf ab, den Gefahren, die eine freie Meinungsäußerung für die herrschende Staatsmacht bringen würde, zu begegnen und damit die öffentliche Meinung zu kontrollieren. So war auch in der NS-Zeit das primäre Ziel der Zensur die „bestehende Herrschaftsstruktur abzusichern, zu bestätigen, auszubauen und eine potentielle Gefährdungen der Herrschaft auszuschließen."[89] In solch totalitären Maßnahmen ist wohl auch der Grund zu sehen, warum der Begriff Zensur landläufig negativ konnotiert ist und Vorzensur in demokratischen Staaten fast durchwegs als rechtlich unzulässig eingestuft wird.[90] Das bedeutet jedoch nicht, dass es auch für die Medienunternehmen verboten ist, ihre Werke vor einer Veröffentlichung selbst zu überprüfen und unerwünschte Inhalte zu entfernen. Auch in diesem Falle müsste man streng genommen von einer Vorzensur sprechen, obwohl sich solche Maßnahmen meist durch gesetzliche, ökonomische oder gesellschaftliche Konsequenzen erklären lassen, die sich erst nach einer Veröffentlichung ergeben könnten.

Genau an diesem Punkt setzt nun auch das Wirkungsfeld einer Nachzensur an. Der Begriff wird oft auch als Repressivzensur (*repressere*, *lat.*: unterdrückend, hemmend, einschränkend) bzw. Prohibitivzensur (*prohibere*, *lat.*: verhindernd, abhaltend) bezeichnet und umschreibt im Prinzip jene Konsequenzen und Maßnahmen, die erst nach der Veröffentlichung eines Geisteswerkes zum Tragen kommen.[91] Durch solche Unterdrückungsmechanismen können ebenfalls unerwünschte Inhalte von der Öffentlichkeit ferngehalten werden, allerdings ohne sie bereits von Vornherein zu verbieten. In der Rechtswissenschaft ist deshalb auch von einem System der „Erlaubnis mit nachträglicher Verbotsmöglichkeit" die Rede – alle Inhalte sind somit zunächst für die Veröffentlichung erlaubt, bis für Einzelne ein Verbot ergeht.[92] In einem demokratischen Staat wird Nachzensur vor allem dann als probates und zulässiges Mittel angesehen, um „eine dringende Gefährdung der Allgemeinheit oder der freiheitlichen Demokratie zu beseitigen oder zu verhindern".[93] Dementsprechend ist eine Nachzensur auch eher mit den Vorstellungen einer freien Gesellschaft vereinbar als die Vorzensur. Vom Potential her kann aber auch die Repressivzensur eine ähnlich treffende Wirkung wie die

---

[89] Klaus-Jürgen Maiwald, *Filmzensur im NS-Staat* (Dortmund: Nowotny, 1983), S.14.
[90] Vgl.: Kousouni, *Zensur*, S.87ff.
[91] Vgl.: Kousouni, *Zensur*, S.85.
[92] Vgl.: Bossniak-Jirku, „Zensurwesen in Österreich", S.63.
[93] Dieter Hesselberger, *Das Grundgesetz: Kommentar für die politische Bildung*, 9. Aufl. (Bonn: Bundeszentrale für politische Bildung, 1995), S.92.

Präventivzensur haben, denn den Medienunternehmen drohen im Falle einer Verletzung meist weitreichende Strafen und Sanktionen. Durch solche prohibitiven bzw. repressiven Maßnahmen, die nicht nur vom Staat sondern auch von Interessensgruppen gesetzt werden können, lässt es sich auch erklären, warum Medienunternehmen ihre Inhalte oftmals selbst kontrollieren und gegebenenfalls zensieren, bevor es überhaupt zu einer Veröffentlichung kommt.[94]

3.2 Bereiche und Motive von Zensur

Wir wissen nun, dass unter dem Phänomen Zensur sowohl die Kontrolle medialer Produkte verstanden werden kann als auch die Unterdrückung bzw. das Verbot bestimmter Inhalte. Und wir wissen auch, dass die entsprechenden Zensurmaßnahmen nicht nur vom Staat oder etablierten, autoritären Mächten gesetzt werden können, sondern auch von anderen Interessengruppen, Unternehmen oder den Medienschaffenden selbst. Damit hat sich das Problemfeld von Zensur aber noch lange nicht vollständig erschlossen. Denn was wir noch nicht wissen ist, in welchen gesellschaftlichen Bereichen Zensur tatsächlich stattfinden kann und was die Beweggründe und Ursachen dafür sind. Um in weiterer Folge Zensurfälle bei *South Park* aufspüren und entsprechend einordnen zu können, ist es jedoch notwendig, sich vorher einen genaueren Überblick darüber zu verschaffen, wo man Zensur vorfinden kann und welche Motivation dahinter steckt. Eine erste Orientierung dafür liefert uns erneut Ulla Otto, die in den Bereichen Religion, Politik und Moral die entscheidenden Dreh- und Angelpunkte von Zensur verortet. Diese drei Gebiete haben ihrer Meinung nach die Zensurgeschichte, je nach historischem Kontext, geprägt und bestimmt. So hält sie fest, dass bis ins 18. Jahrhundert die religiös motivierte Zensur dominant war, während im 18. und 19. Jahrhundert, im Kampf um die Aufrechterhaltung der bürgerlichen Klasse, vor allem die politische Zensur vorherrschend war. Im 20. Jahrhundert hat dann die moralische Zensur immer mehr an Bedeutung gewonnen.[95] Dennoch waren alle drei Faktoren in allen Epochen stets präsent und miteinander verwoben – man denke nur an die sexualmoralisch motivierten Zensurmaßnahmen der Kirche oder die staatspolitische Tragweite beim Bruch von

---

[94] Vgl.: Breuer, *Geschichte der literarischen Zensur*, S.19f.
[95] Vgl.: Otto, „Zensur: Schutz oder Instrument", S.7.

religiösen Tabus, wie sie uns noch im Kapitel über das Abbildungsverbot des islamischen Propheten Mohammed begegnen wird. „Eine Trennungslinie zwischen religiöser, politischer und moralischer Zensur ziehen zu wollen, wird in Anbetracht des Interessenspluralismus westlicher Staatsgefüge heute vollends zur Unmöglichkeit."[96]

3.2.1 Zensurpyramide nach William Albig

Auf meiner Suche nach einer möglichst breiten und umfassenden Definition des Begriffs Zensur bin ich mit der *Albig'schen Zensurpyramide* auf ein interessantes, wenn auch eher selten zitiertes Modell gestoßen, das den Zensurprozess aus sozial-psychologischer und soziologischer Sicht in seiner Gesamtheit zu erfassen versucht. Mit diesem Modell, das William Albig in seiner ausführlichen soziologischen Untersuchung *Modern Public Opinion* einführt, wollte der Wissenschaftler in erster Linie den Zensurprozess in den USA schematisch beschreiben. Dieses System lässt sich aber auch auf andere Länder und Kulturen übertragen, denn es umfasst im Prinzip alle denkbaren Ebenen, in denen Zensur stattfinden kann und gibt darüber hinaus auch Einblicke, welche Motive dahinter stecken könnten. Woran viele scheitern, schafft Albig mit seinem Modell meiner Meinung nach wunderbar: Es liefert einen übersichtlichen Einblick in die Komplexität des Zensurbegriffs. Dabei teilt Albig den Begriff Zensur zunächst in sechs Stufen ein, die zwar getrennt voneinander zu betrachten sind, sich aber dennoch gegenseitig beeinflussen und fließend ineinander übergehen (siehe Abbildung 1).[97]

---

[96] Otto, *Die literarische Zensur*, S.89.
[97] Vgl.: William Albig, *Modern Public Opinion* (New York: McGraw-Hill, 1956), S.243ff.

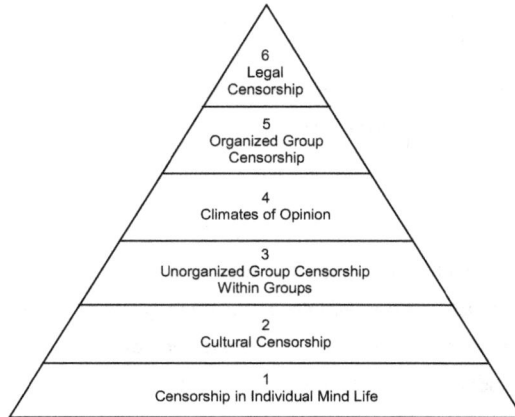

```
                    /\
                   /6 \
                  /Legal\
                 /Censorship\
                /-----------\
               /     5       \
              / Organized Group\
             /   Censorship     \
            /-------------------\
           /        4            \
          /  Climates of Opinion  \
         /-----------------------\
        /          3              \
       / Unorganized Group Censorship\
      /       Within Groups          \
     /-------------------------------\
    /             2                    \
   /       Cultural Censorship          \
  /-------------------------------------\
 /               1                        \
/   Censorship in Individual Mind Life     \
/-------------------------------------------\
```

Abbildung 1: Zensurpyramide nach William Albig

Ebene 1: Zensur in der individuellen Gedankenwelt

Als Basisebene von Zensur definiert Albig den individuellen, menschlichen Denkbereich, mit dem er sich letztendlich stark an Sigmund Freuds Begriff des „Über-Ichs" orientiert. Dabei werden Werte- und Normvorstellungen jedes Menschen durch bewusst oder unbewusst ablaufende Gebote und Verbote unterdrückt und somit sittlich, sozial oder ästhetisch anstößige Regungen ausgeblendet.[98] Albig hebt die Bedeutung dieser Ebene vor allem deshalb hervor, weil sie täglich erfahrbar ist und somit eine stets präsente Zensurebene darstellt. Dabei wirkt sich diese Ebene aber nicht nur auf die innere Erfahrungswelt aus, sie kann natürlich auch weitertransportiert werden. So kann z.B. ein Journalist bestimmte Tabuwörter wie „Neger" durch seine innere Barriere bewusst oder unbewusst in einem Artikel unterdrücken und durch die Verwendung von politisch korrekten Synonymen seine inneren Zweifel auch an die Öffentlichkeit weitertransportieren. Steter Tropfen höhlt den Stein – auch so können sich subjektiv geprägte Tabus in der Gesellschaft manifestieren.

Die Zensur der individuellen Gedankenwelt ist im allgemeinen Sprachgebrauch wohl dem Begriff *Selbstzensur* gleichzusetzen. Aber was könnten die Gründe dafür sein, dass sich Medienschaffende dazu entscheiden, sich selbst in ihrer

---

[98] Vgl.: Otto, *Die literarische Zensur*, S.117.

36

freien Meinungsäußerung zu beschränken? Eine Selbstzensur kann einerseits das Ergebnis selbst auferlegter, moralischer Grenzen sein. Im Grunde wird eine solche Form der Zensur von vielen Teilen unserer Gesellschaft sogar befürwortet, weil sie für das gesellschaftliche Zusammenleben förderlich sein kann: „Die Selbstzensur wird nicht allein aus Furcht vor Sanktionen, sondern auch aus persönlicher Rücksicht, Vernunft und Loyalität praktiziert"[99]. Eine wichtige Ursache für Selbstzensur kann andererseits aber auch darin gesehen werden, dass Medienschaffende stets einem Druck äußerer Instanzen unterliegen, deren Einfluss zu Problemen, Sanktionen oder gar Strafen führen könnte. Ein Verfasser muss deshalb oft auch zwischen dem Nutzen, der sich aus der Veröffentlichung seiner Inhalte ergibt, und den möglichen Konsequenzen abwägen. Steht das Risiko nicht dafür, werden möglicherweise problematische Aussagen unterdrückt, entfernt oder erst gar nicht produziert.[100] Ein solcher Druck entsteht z.B. aus Angst vor Ablehnung von Verlagen, weil bestimmte Inhalte nicht dem Geschmack der Entscheidungsträger entsprechen könnten. Durchaus denkbar wäre aber auch, dass ein Produzent durch eine Veröffentlichung tabuisierter Themen ethische oder moralische Spielregeln missachten würde und dadurch kritische Reaktionen von Politik, religiösen Institutionen oder der Gesellschaft zu befürchten hat. Dies kann in weiterer Folge seine Position, den Arbeitsplatz oder künftige Projekte gefährden. So war es in den USA kurz nach dem 2. Weltkrieg besonders kritisch, „kommunistische Propaganda" in Drehbüchern und Filmen einzubauen, was zwangsläufig zur Aufnahme in die sogenannte „Blacklist" geführt hat und über Jahre hinweg einem Berufsverbot gleichkam.[101] Solche Zwänge und Befürchtungen vom Produzenten können letztendlich eine ähnlich lähmende Wirkung haben wie eine staatliche Zensur. Dementsprechend kann man auch nachvollziehen, wenn Dieter Breuer das Wesen der Selbstzensur als logisches Ergebnis formeller und informeller Zensurmaßnahmen betrachtet: „Selbstzensur ist das Resultat erfolgreicher Zensur."[102]

---

[99] Hans Magnus Enzensberger, "Über Zensur und Selbstsensur", S. 653. In: Hermann Glaser (Hg.), *Bundesrepublikanisches Lesebuch: Drei Jahrzehnte geistiger Auseinandersetzung* (München, Wien: Hanser, 1978), S.649-655.
[100] Vgl.: Bossniak-Jirku, „Zensurwesen in Österreich", S.70.
[101] Vgl.: Claus Tieber, *Schreiben für Hollywood: das Drehbuch im Studiosystem* (Wien: Lit-Verlag, 2008), S.210-217.
[102] Breuer, *Geschichte der literarischen Zensur*, S.9.

Für Edda Ziegler, die sich intensiv mit Literaturzensur auseinandergesetzt hat, ist Selbstzensur jedenfalls die nachhaltigste und zugleich am wenigsten bestimmbare Form der Zensur. Dementsprechend räumt sie auch ein, dass man zur Auffindung solcher Vorgänge auf die Äußerungen des Autors selbst angewiesen ist.[103] Aus diesem Grund wurden bei der Recherche für diese Arbeit auch unzählige Interviews und Kommentare der *South Park*-Produzenten Trey Parker und Matt Stone durchforstet, um mögliche Selbstzensurmaßnahmen ausfindig zu machen. Dabei waren vor allem ihre Audio-Kommentare, die auf den Kauf-DVD's als eigene Tonspur ausgewählt werden können und bei denen sie Hintergründe zu jeder Episode der Serie geben, ein nährreicher Boden für meine Spurensuche.

Ebene 2: Kulturelle Zensur

Die zweite Ebene von Albigs Zensurpyramide ist die kulturelle Zensur, in der alle kulturellen Normen und Werte samt ihrer restriktiven Wirkung auf die Kommunikation und das Geistesleben vereint werden. Albig hebt dabei hervor, dass sich solche Wertevorstellungen im Laufe von Jahrzehnten oder Jahrhunderten in der Gesellschaft manifestieren und sie dadurch oft eine effektivere Zensur darstellen, als sie durch formale Gesetze je erreicht werden könnte. Eine kulturelle Zensur stellt z.B. das Tabuthema der Sexualität dar, über das in der Öffentlichkeit – trotz sexueller Revolution in den 1960er Jahren – nach wie vor nicht ungehemmt gesprochen werden darf bzw. sollte. Die kulturelle Ebene ist stets präsent und tief in der Gesellschaft verwurzelt, deshalb sollte sie eigentlich auch bei jedem Zensurvorgang als mögliche Ursache berücksichtigt werden. In der vorliegenden Arbeit wird sich die kulturelle Zensur besonders deutlich im Kapitel „*South Park* vs. Political Correctness" präsentieren. Dabei wird sich auch offenbaren, wie stark sich die Tabuthemen einzelner Kulturen, in diesem Falle Deutschland und den USA, unterscheiden können.

Ebene 3: Unorganisierte Gruppenzensur innerhalb Gruppen

In der dritten Zensurstufe verortet Albig jene Werte und Normen, die innerhalb sub-kultureller Gruppen gültig sind und dadurch ebenfalls eine freie Kommunikation einschränken.[104] Das wichtigste Merkmal ist dabei, dass diese Form von Zensur nicht auf festgeschriebenen Regeln basiert, sondern lediglich auf

---

[103] Vgl.: Edda Ziegler, Literarische Zensur in Deutschland 1819 - 1848: Materialien, Kommentare (Wien: Hanser, 1983), S.172.
[104] Vgl.: Otto, *Die literarische Zensur*, S.117.

Konventionen, die sich bei den Mitgliedern einer Gruppe nach und nach manifestieren. Ein gutes Beispiel für solche Unterdrückungsmechanismen sind Tabuthemen, die innerhalb der Familie zum Tragen kommen. So können unflätige Kraftausdrücke der Sprösslinge ganz schnell eine elterliche Schelte nach sich ziehen und somit eine Form der unorganisierten Gruppenzensur darstellen. Entscheidend ist dabei, dass solche Vorschriften von Gruppe zu Gruppe stark variieren können – was in der einen Gruppe lieber verschwiegen wird, muss in einem anderen Umfeld nicht unbedingt ein Problem darstellen. Während z.B. bestimmte Schimpfwörter innerhalb der Familie verboten sein können, wird sich das Kind im Freundeskreis wohl weniger um solche Restriktionen kümmern müssen.

In diesem Zusammenhang wird bewusst, dass eine ungehemmte und freie Meinungsäußerung immer auch vom jeweiligen *Kontext* abhängig ist, in der eine bestimmte Aussage getätigt wird. Zusätzlich läuft die unorganisierte Gruppenzensur, ähnlich wie die Zensur in der individuellen Gedankenwelt, häufig unbewusst ab und kann deshalb auch nur schwer wissenschaftlich erfasst und untersucht werden. Dementsprechend selten wird uns diese Form der Zensur auch im Laufe dieser Arbeit begegnen. Dennoch lassen sich aber auch hierfür Beispiele finden: So geben Stone und Parker unter anderem an, dass sie lange Zeit auf eine kritische Episode über Scientology verzichtet haben, weil mit Isaac Hayes, Synchronsprecher der Figur Chefkoch, ein bekennender Scientologe im Team war, den man mit einer spöttischen Episode über Scientology nicht verärgern wollte.[105]

Ebene 4: Meinungsklimata

In der vierten Ebene seiner Zensurpyramide beschreibt Albig Meinungsklimata, die alle Arten von Ideologien und populären Denkweisen darstellen. So kann die McCarthy-Ära, in der in den USA intensiver Antikommunismus betrieben wurde, als Paradebeispiel für diese Zensurebene angesehen werden. Vor allem in Zeiten von Furcht und nationalen Krisen bildet das Meinungsklima eine starke und wirkungsvolle Ebene der Zensur – man denke nur an die Phase nach den Terror-Anschlägen auf das World Trade Center 2001, in der eine objektive Verteidigung

---

[105] Vgl.: Tapper/Morris, "Secrets of 'South Park'", Web. Zitat von Trey Parker: "We held off on doing a Scientology show for years because of Isaac's personal religious belief. And after a while, we were like, you know, we've made fun of everything else. There's just too much funny stuff there."

des Islams oder des Mittleren Ostens in den USA fast schon als Volksverrat angesehen wurde. Dieses spezifische Meinungsklima wird auch im Kapitel über das Abbildungsverbot des islamischen Propheten Mohammed eine entscheidende Rolle spielen.

Ebene 5: Organisierte Gruppenzensur: Auf der zweithöchsten Ebene der Albig'schen Zensurpyramide steht die organisierte Gruppenzensur. Darunter sind formal festgelegte Absprachen und Regelungen zu verstehen, die zwar innerhalb bestimmter Interessensgruppen Gültigkeit haben, jedoch nicht durch gesetzliche Bestimmungen abgesichert sein müssen. So stellen zum Beispiel die Zehn Gebote oder das bereits erwähnte *Index Librorum Prohibitorum* eine organisierte Gruppenzensur dar, in denen die katholische Kirche in formalen Vorschriften u.a. festgelegt hat, dass man den Namen Gottes nicht missbrauchen darf. Es muss aber nicht gleich eine Weltreligion sein, die sich für organisierte Gruppenzensur verantwortlich zeichnet, auch die internen Richtlinien von Parteien, Vereinen oder Medienunternehmen fallen in diese Kategorie. So definiert z.b. die Blattlinie einer Zeitung die politische Ausrichtung und schließt somit bestimmte Aussagen über Parteifreunde bzw. Feinde von vornherein aus. Viele dieser Gruppen, vor allem aus dem religiösen, politischen und wirtschaftlichen Sektor, wollen durch solche zensorischen Maßnahmen aber nicht nur ihren Fortbestand innerhalb ihrer Gruppe absichern und verteidigen, sondern sie wollen ihre gesellschaftliche Position noch weiter auszubauen.[106] Sprich: Widersächliche und somit gefährliche Aussagen sollen auch in der übrigen Gesellschaft unterdrückt werden. So versuchen z.B. viele Interessensgruppen durch gezielte Lobby-Arbeit die gesetzgebenden Stellen so zu beeinflussen, dass ihre Richtlinien auch ins staatliche System einfließen. Ihre Bestrebungen können sich aber auch gegen die Medienschaffenden selbst richten, indem versucht wird, durch finanziellen oder öffentlich erzeugten Druck Einfluss auf deren Inhalte zu nehmen. Dabei ist die Einflussnahme jedoch nur indirekt möglich, denn die eigentliche Zensur erfolgt letztendlich auf „freiwilliger" Basis seitens der Hersteller.[107]

Die Grundvoraussetzung für das Gelingen solcher Zensurmaßnahmen ist jedoch, dass den Interessensgruppen die notwendige Macht und die geeigneten Mittel zu

---

[106] Vgl.: Otto, *Die literarische Zensur*, S.119f.
[107] Vgl.: Bossniak-Jirku, „Zensurwesen in Österreich", S.76ff.

Verfügung stehen, um ihre Forderungen durchsetzen zu können. So kann laut Otto „die Entrüstung einer möglichst breiten Allgemeinheit" als wichtiger Faktor im Kampf gegen unerwünschte mediale Äußerungen angesehen werden.[108] Mit dem *Parents Television Council* und der *Catholic League for Religious and Civil Rights* sind uns im Kapitel über *South Park* bereits zwei solcher Interessensgruppen begegnet, die in der Serie eine ideologische Bedrohung befürchten. Zwar ist es der *Catholic League* tatsächlich gelungen, die Ausstrahlung einer einzelnen Episode vorübergehend zu unterbinden, langfristig betrachtet hatten die beiden Organisationen jedoch kaum Einfluss auf das tabubrechende Konzept der Serie. Im Abschnitt über den „Fall Mohammed" wird uns jedoch noch eine weitere Interessensgruppe begegnen, die letzten Endes unter Androhung von physischer Gewalt tatsächlich weitreichende Zensurmaßnahmen erreichen konnte.

Ebene 6: Legale Zensur: An der Spitze der Zensurpyramide steht die legale Zensur, die sich in Form konstitutionell abgesicherter Gesetze präsentiert.[109] Auf welche Themen und im welchen Umfang sich diese Bestimmungen beziehen und wie sie sanktioniert werden, hängt natürlich vom Gesetzgeber des jeweiligen Landes ab und spiegelt dabei immer auch dessen Kultur und Gesellschaft wieder. So beinhalten die Jugendschutzgesetze in den Niederlanden nur wenige Restriktionen und erlauben sogar Pornographie im Fernsehen, während in Deutschland der Jugendschutz sehr ernst genommen wird und bereits erotische Szenen problematisch sein können.[110] Auch im Kapitel „*South Park* vs. Das Gesetz" werden wir uns mit dem Thema Jugendschutz auseinandersetzen. Dabei wird sich zeigen, welche Themen und Bereiche in den USA tatsächlich als Grenze der gesetzlich abgesicherten freien Meinungsäußerung definiert werden und somit einen hemmenden Einfluss auf *South Park* haben.

Anhand der Zensurpyramide von Albig haben wir nun einen Überblick erhalten, auf welchen Ebenen sich Zensur abspielen kann. Man muss sich dabei jedoch stets im Klaren sein, dass die einzelnen Ebenen dieses Modells keineswegs getrennt voneinander zu betrachten sind, sondern dass sie sich gegenseitig beeinflussen und ineinander übergreifen. Bevor wir uns nun also endgültig „in

---

[108] Otto, „Zensur: Schutz oder Instrument", S.68.
[109] Vgl.: Otto, *Die literarische Zensur*, S.118.
[110] Vgl: Joachim von Gottberg, "Vorsicht bei Gewalt, keine Angst bei Sex: Gespräch mit Cornelius Crans", S. 30. In *TV-Diskurs: Verantwortung in audiovisuellen Medien, Nr. 2* (Baden-Baden: Nomos, 02/1997). S.28-33.

medias res" begeben und uns mit Zensurmaßnahmen bei *South Park* auseinandersetzen, soll anhand einer Sonderform von Zensur aufgezeigt werden, wie verschachtelt und komplex sich dieser Begriff in der heutigen Zeit präsentiert und wie schwer es dadurch geworden ist, den tatsächlichen Zensurgründen auf die Spur zu kommen. Es handelt sich dabei um die bereits erwähnten *Standards & Practices*, also den internen Richtlinien, in denen ein Medienunternehmen bestimmt, welche Inhalte veröffentlicht werden dürfen und welche Inhalte der Zensur zum Opfer fallen. Diese Art der unternehmerischen Selbstzensur, Albig würde sie wohl eher der organisierten Gruppenzensur zuordnen, ist vor allem deshalb interessant, weil viele Zensurfälle, die wir bei *South Park* finden werden, durch diese *Standards & Practices* bestimmt werden. Dabei werden diese Vorschriften aber nicht nur von den Verantwortlichen des Senders festgelegt. Vielmehr haben fast alle Ebenen der Albig'schen Zensurpyramide Einfluss auf diese internen Richtlinien und lassen sie dadurch zu einer vielschichten Sonderform von Zensur mutieren.

3.3 Exkurs: *Standards & Practices* als moderne Form von Zensur

Die *Standards & Practices* stellen eine hervorragende Quelle für Untersuchungen hinsichtlich Selbstzensur im Medienbereich dar. Denn in diesen Richtlinien wird festgelegt, welche Inhalte für das Unternehmen zulässig sind und welche Inhalte nicht ausgestrahlt oder veröffentlicht werden dürfen. Dabei spielen gesetzliche Schranken ebenso eine entscheidende Rolle wie die Interessen des Publikums, gesellschaftliche Moralvorstellungen, die Gesetze des Marktes, oder auch individuelle Bedenken der zuständigen Mitarbeiter.[111] Die *Standards & Practices* ähneln in gewisser Weise der Selbstregulierung der Filmbranche, die in der Mitte des 20. Jahrhunderts geläufig war. Dabei haben sich die Produzenten jahrzehntelang an ein sehr striktes Selbstregulierungssystem gehalten, dem Production Code von Will H. Hays, um dadurch schärfere Maßnahmen durch die Regierung zu verhindern. So hat sich in dieser Zeit ein Code entwickelt, der sich aus den Forderungen der unterschiedlichsten Stellen entwickelt, ja fast schon verselbstständigt hat:

---

[111] Vgl.: Kousouni, *Zensur*, S.191f.

Through the years the detailed applications of the code have been an attempted balance between the standards and demands of pressure groups, the tastes of the audience, the aims and objectives of producers.[112]

Im Fernsehbereich kamen solche Richtlinien in den USA erstmals 1952 zum Einsatz und wurden im *TV Code of Standards of the National Association of Radio and Television Broadcasters* (NARTB) definiert. Dabei sollten die Vorgaben in erster Linie das Publikum vor anstößigen Inhalten schützen. Dazu zählten (und zählen teilweise immer noch) obszöne Wörter, Attacken auf Religionen und den religiösen Glauben, ein zu lockerer Umgang mit Scheidung, eine positive Darstellung von Alkohol, Drogen oder Kriminalität und natürlich gab es auch einen Paragraphen für „Decency and decorum" (Anstand und Schicklichkeit).[113] Tom Pollard, der in seinem Buch *Sex and Violence: The Hollywood Censorship Wars* die Zensurpraxis in den inhaltlichen Bereichen Gewalt und Sex in Hollywoodfilmen untersucht, erkennt in diesen internen Richtlinien eine Form der Selbstzensur, die im Film- und Fernsehbereich nach wie vor üblich ist. Dabei richten Produktionsfirmen und Medienunternehmen auf freiwilliger Basis Zensurbüros ein, die in weiterer Folge als Filter dienen, um Einflüsse von außen, die mitunter eine ganze Produktion gefährden können, entgegenzuwirken.[114] Auch Carl F. Cohen unterstreicht die Bedeutung solcher Richtlinien, die nicht nur für die Film- und Fernsehindustrie relevant sind, sondern sogar die Gesellschaft prägt: „This rarely mentioned area of the industry plays an important role in the constant reshaping of American popular culture."[115] Cohen hat sich in seiner Arbeit intensiv mit den *Standards & Practices* im Cartoon-Bereich auseinandergesetzt und die kritischen Themen und Inhalte dieser Richtlinien analysiert. Das Ergebnis überrascht dabei wenig und beinhaltet die „üblichen Verdächtigen" wie Sex, vulgäre Ausdrücke und Gewaltdarstellungen. So lautet z.B. eine der wichtigsten Regeln bei Zeichentrickserien: „Never show acts, that a child could immitate".[116]

Für die Sender stellen die *Standards & Practices* demnach also die Grundlage dar, um eventuell aufkeimende Probleme bereits im Vorfeld ausschließen zu können. So wird ein Sender, der sich auf Kinderprogramm spezialisiert hat und

---

[112] Albig, *Modern Public Opinion*, S.257.
[113] Vgl.: Carl F. Cohen, *Forbidden Animation: Censored Cartoons and Blacklisted Animators in America* (Jefferson: McFarland & Company, 1997), S.121.
[114] Vgl.: Tom Pollard, *Sex and Violence: The Hollywood Censorship Wars* (Boulder: Paradigm Publ., 2009), S.6ff.
[115] Cohen, *Forbidden Animation*, S.121.
[116] Vgl.: Cohen, *Forbidden Animation*, S. 121-153. Zitat: S.147.

dessen Zielgruppe entsprechend jung ist, in seinen Richtlinien anstößige und sexuelle Inhalte wohl generell ausschließen, um Sittenwächter, Eltern und Werbepartner nicht zu verärgern. Dabei dürften wohl vor allem die Bedürfnisse und Vorgaben der Werbepartner der primäre und entscheidende Faktor sein.[117] Diese nehmen Kritik gegen Sendungen, in denen sie werben, sehr ernst, da sie bei öffentlichen Beschwerden schnell einen Imageschaden und somit auch Verkaufseinbußen für ihr Unternehmen befürchten. So kann bereits ein einzelner Beschwerdebrief dazu führen, dass die Werbekunden gleich den Druck auf den TV-Sender erhöhen und entsprechende Maßnahmen fordern, um nicht selbst in ein schlechtes Licht zu geraten.[118] Beispielsweise sprangen bei einer frühen *Simpsons*-Episode gleich mehrere Sponsoren ab, weil sich Homer in der Folge über den religiösen Glauben lustig macht und kurzerhand seine eigene Religion gründet.[119]

Ökonomische Bedenken dürften ohnehin meist das Hauptmotiv dafür sein, warum Medienunternehmen ihre Programme und Inhalte verändern, anpassen oder gar zensieren. So kommt es z.B. oft vor, dass Filme mit Überlänge geschnitten werden, um sie kommerziell erfolgreicher zu machen, oder es werden Erotik- und Gewaltszenen entfernt, um unter dem Aspekt des Jugendschutzes das Programm früher ausstrahlen zu können und somit ein größeres Publikum zu erreichen.[120] Finanzieller Erfolg ist für Unternehmen das Um und Auf – und dementsprechend wird auch eher auf Inhalte verzichtet als auf Geld aus der Werbewirtschaft. Das führt sogar soweit, dass die Werbepartner in den Produktionsprozess eingebunden werden, um kritische Stellen absegnen zu lassen. So musste sich z.B. Walter Lantz, der durch die Zeichentrickfigur *Woody Woodpecker* bekannt wurde, häufig mit den Vorgaben seiner Werbepartner auseinandersetzen. Dementsprechend räumt er ein, dass sich Sponsoren oft bereits in der Produktionsphase gegen bestimmte Inhalte ausgesprochen haben und dass deren Einwände letztendlich auch oft zu Zensurmaßnahmen geführt haben:

---

[117] Vgl.: Jeffrey A. Weinstock, "'Simpsons did it': South Park as Differential", S.10f. In: Jeffrey A. Weinstock (Hg.), *Taking South Park Seriously* (New York: State University of New York Press, 2008), S.79-96.
[118] Vgl.: Cohen, *Forbidden Animation*, S.151f.
[119] Vgl.: Cohen, *Forbidden Animation*, S.145.
[120] Vgl.: Frank-Burkhard Habel, *Zerschnittene Filme: Zensur im Kino* (Leipzig: Kiepenheuer, 2003), S.13.

The (advertising) agency reasoning was that if there was a question at all on a scene, why leave it in? It might cause some group or other to bring pressure, and if there's one thing the sponsor doesn't want, it's to make enemies.[121]

An solchen Beispielen erkennt man sehr schön, dass man neben den bereits erwähnten primären Bereichen der Zensur – nämlich politischer, religiöser und moralischer Zensur – in einer modernen Auffassung vor allem auch die ökonomische Perspektive von Zensur unbedingt berücksichtigen sollte.

In die internen Richtlinien fließen aber nicht nur die Vorgaben der Werbepartner mit ein, sondern es müssen auch die Forderungen und Anliegen anderer gesellschaftlicher Gruppen beachtet werden. Vor allem Fernsehsender sind aufgrund ihrer möglichen Reichweite ein primäres Ziel für eine solche Einflussnahme – sei es durch politische Parteien, religiöse Vereine oder andere Interessensgruppen, die in bestimmten Inhalten eine Gefahr für sich oder die Gesellschaft sehen.[122] Parteien befürchten Kritik an ihren Programmen und dadurch Machtverlust, religiöse Gruppen dagegen Blasphemie oder den Verfall von Moral und Sitte. Und natürlich spielt bei diesen internen Richtlinien auch die aktuelle, öffentliche Meinung eine entscheidende Rolle.

Ein weiterer Grund für die Selbstzensur von Medienunternehmen kann auch im Interpretationsspielraum der gesetzlichen Vorschriften verortet werden. Rechtliche Begriffe wie „obszön", „profan" oder „unzüchtig"[123] sind, wie wir noch im Kapitel „South Park vs. Das Gesetz" sehen werden, oft nicht exakt genug definiert und lassen viel Interpretationsspielraum. Medienunternehmen wollen natürlich gesetzliche Verstöße und mögliche Strafen vermeiden, dabei kann es jedoch durchaus vorkommen, dass Gesetze falsch bzw. übervorsichtig ausgelegt werden und die Unternehmensführung durch solche Übervorsichtigkeit Inhalte verbietet, die gesetzlich gesehen eigentlich unbedenklich wären.[124] Ein Beispiel hierfür sind die berühmt-berüchtigten Beep-Töne, die in amerikanischen Fernsehserien immer wieder eingesetzt werden, um bestimmte Schimpfwörter zu übertönen. Auch bei South Park kommt diese Form der Zensur zum Einsatz – allerdings wird sich im

---

[121] Cohen, *Forbidden Animation*, S.124.
[122] Vgl.: Kousouni, *Zensur*, S.188ff.
[123] So kontrolliert die US-amerikanische Regulierungsbehörde *FCC* im Zuge des Jugendschutzes Inhalte, die „obscene, profane and indecent" sind. Vgl.: FCC, „Frequently Asked Questions", auf: *Federal Communications Commission* (Web: www.fcc.gov, ohne Datum).
[124] Vgl.: Kousouni, *Zensur*, S.189.

Verlauf dieser Arbeit noch zeigen, dass es rein rechtlich gesehen für den Sender eigentlich keinerlei Verpflichtung für diese Maßnahme gibt.

Wie man sieht, gibt es viele Faktoren, die für die internen Richtlinien eines Medienunternehmens entscheidend sind und letztendlich zu einer Selbstzensur des Programms führen können. Dabei spiegeln sich auch die unterschiedlichsten Bereiche der Albig'schen Zensurpyramide wider. Die Fülle an möglichen Einflussfaktoren ist auch der Hauptgrund dafür, dass die Richtlinien der *Standards & Practices* stets einem dynamischen Prozess unterliegen und somit nie festgeschrieben sind, sondern laufend erweitert und verändert werden. Dementsprechend sollte es uns also auch nicht verwundern, wenn wir im Zuge dieser Arbeit auf inhaltliche Einschränkungen des Senders Comedy Central stoßen, die in einer späteren Episode von *South Park* wieder genehmigt wurden.

3.4 Zwischenresümee

Welche der sechs Ebenen, die Albig in seiner Zensurpyramide definiert hat, sind nun für unsere weitere Suche nach Zensurfällen bei *South Park* ausschlaggebend? Ein primäres Ziel dieser Arbeit war es, so viele Zensuraspekte wie möglich aus der Welt von *South Park* aufzustöbern und deren Hintergründe und Ursachen zu beleuchten. Aber ist das tatsächlich möglich? Ulla Otto hat sich in ihrer wissenschaftlichen Arbeit ebenfalls am Modell von Albig orientiert und dabei angemerkt, dass für soziologische Untersuchungen nur die beiden obersten Stufen von Interesse sein können, da sich nur in ihnen die „zwischenmenschlichen Beziehungen einer Gesellschaft realiter manifestieren."[125] Es ist nicht von der Hand zu weisen, dass eine innere Zensur oder die unorganisierte Gruppenzensur sozialwissenschaftlich nur schwer nachweisbar sind, aber dennoch sind insbesondere die kulturellen Grundbedingungen oder aktuelle Meinungsklimata entscheidende und nicht zu vernachlässigende Faktoren von Zensur. Letztgenanntes wird bei *South Park* und dem „Fall Mohammed" sogar eine zentrale Rolle in dieser Arbeit einnehmen. Und natürlich ist auch Selbstzensur ein wichtiger, wenn auch nur schwer belegbarer Teilbereich von Zensur. Aus diesem Grund habe ich mich dazu entschlossen, mich zwar an den beiden obersten Ebenen der Zensurpyramide zu orientieren – in den Kapiteln „South Park vs. Das Gesetz" und „South Park vs. Religion" werde ich mich dementsprechend mit der legalen Zensur und der organisierten Gruppenzensur auseinandersetzen – aber dabei immer auch die anderen Ebenen als mögliche Ursache von Zensur im Hinterkopf zu behalten. So kommen vor allem beim „Fall Mohammed" viele verschiedene Faktoren zum Tragen, die für die vorgenommenen Zensurmaßnahmen entscheidend waren. Darüber hinaus werde ich im Kapitel „*South Park* vs. Political Correctness" den Versuch unternehmen, den Einfluss der kulturellen Zensur auf die Serie zu beschreiben – wie sich zeigen wird ein schwieriges, jedoch kein unmögliches Unterfangen.

---

[125] Otto, *Die literarische Zensur*, S.118.

4 *South Park* vs. Gesetz

> Deplorable violence is okay as long as people don't say any naughty words.[126]
>
> (Sheila Broflovski, *South Park – Bigger, Longer & Uncut*)

Wie wir im vorangegangenen Kapitel bereits gesehen haben, spielt beim Thema Zensur die gesetzliche Ebene eines Landes eine wichtige und nicht zu vernachlässigende Rolle. Wenn man sich die Zensurpyramide von Albig in Erinnerung ruft, muss man sich jedoch im Klaren sein, dass man mit einer legalen Zensur immer nur die Spitze des zensorischen Eisbergs erfasst. Dennoch ist es notwendig, sich auch einen Überblick über die Gesetze zu verschaffen, um in weiterer Folge Zensurvorgänge bei *South Park* richtig einstufen und beurteilen zu können. Das Eingangszitat – es handelt sich um eine Aussage von Kyles Mutter aus dem Film *South Park – Bigger, Longer & Uncut* – bringt die Richtlinien in den USA bereits sehr schön auf einen Nenner: Gewalt ist okay, solange man dabei keine schlimmen Wörter in den Mund nimmt. Aber sehen wir uns die gesetzlichen Bestimmungen im Produktionsland der Serie zunächst einmal genauer an.

4.1 Gesetzliche Zensurbestimmungen in den USA

Die Regulierung amerikanischer Medien ist traditionellerweise von einem äußerst liberalen Wertesystem geprägt. Als Grundpfeiler hierfür dient das sogenannte *First Amendment*, das zusammen mit neun weiteren Artikeln die *Bill of Rights* bildet. Im ersten Zusatzartikel wird der Bevölkerung u.a. Meinungs-, Presse- und Religionsfreiheit zugesichert, oder exakter ausgedrückt, werden Gesetze verboten, die diese Freiheiten einschränken würden:

> Congress shall make no law respecting an establishment of religion, or prohibiting the free exercise thereof; or abridging the freedom of speech, or of the press; or the right of the people peaceably to assemble, and to petition the Government for a redress of grievances.[127]

---

[126] Trey Parker und Matt Stone, *South Park - Der Film: Grösser, länger & ungeschnitten* (DVD: Warner Home Video, 2000), TC 00:55:55 (Tonspur: Englisch), [USA, 1999].
[127] Carl L. Davis, "Bill of Rights", S.95. In: Archie McDonald (Hg.), *Encyclopedia USA: The Encyclopedia of the United States of America, Past and Present, Volume 6, Ben - Bon* (Gulf Breeze: Academic International Press, 1985), S.95f.

Dieser „Meilenstein der Pressefreiheit" sollte im Prinzip garantieren, dass der Staat bei medialen Inhalten keine Zensureingriffe vornehmen darf.[128] Selbst die sogenannte „*Hate Speech*", dabei handelt es sich um Äußerungen, die zu Hass oder Gewalttaten gegen rassische, religiöse, ethnische oder sexuelle Randgruppen aufrufen, unterliegen in den USA durch das *First Amendment* bis zu einem bestimmten Grad diesem Schutz.[129] Es drängt sich der Eindruck auf, als wären der freien Meinungsäußerung in den USA keine Grenzen gesetzt. Es scheint aber nur so, denn tatsächlich zeigen sich vor allem bei der Regulierung von Radio und Fernsehen einige staatliche Kontrollmechanismen, die in diesem Bereich stärker eingreifen, als es bei anderen Medien, wie z.B. den Printmedien, der Fall ist.[130]

Zuständig für den Rundfunkbereich ist dabei die 1934 ins Leben gerufene *Federal Communications Commision*, kurz *FCC*. In erster Linie kümmert sich die *FCC* um die Vergabe der Senderlizenzen im Rundfunkbereich und um die Erstellung der zugehörigen Richtlinien.[131] Darüber hinaus ist sie aber auch für die Kontrolle kritischer Programminhalte zuständig. Dabei konnten sich vor allem im Zuge des Kinder- und Jugendschutzes einige Kontrollmaßnahmen und inhaltliche Vorgaben etablieren. Diese sind zwar einer strengen, verfassungsrechtlichen Prüfung unterworfen, trotzdem sind solche Regelungen für das liberale Verfassungssystem der USA sehr ungewöhnlich. Dementsprechend wurden diese Vorgaben auch häufig kritisiert, geändert und angepasst.[132]

4.1.1 OPI-Vorgaben

Der Großteil der inhaltlichen Kontrolle bezieht sich dabei auf die sogenannten *OPI*-Vorgaben, hinter denen sich die drei Begriffe **O**bscene, **P**rofane und **I**ndecent verstecken. Verstößt ein Sender gegen diese Vorschriften, so kann die FCC

---

[128] Vgl.: Stapf, "Zwischen First Amendment und 'public interest'", S.4.
[129] Vgl.: Jonathon Green und Nicholas J. Karolides (Hg.), *Encyclopedia of Censorship: New Edition* (New York: Facts On File, 2005), S.223-225 = „Hate Speech".
[130] Vgl.: Stapf, "Zwischen First Amendment und 'public interest'", S.4.
[131] Dazu zählen u.a. Richtlinien, die Konzentrationsbestrebungen unterbinden sollen, aber auch inhaltliche Auflagen für die Sender bzgl. Programminhalte, Werbezeitbeschränkungen oder Vorgaben für Kinderprogramme. Im Prinzip ist die *FCC* nicht unähnlich der österreichischen Regulierungsbehörde *KommAustria*. Vgl.: Blackmer, "Telekommunikations- und Medienrecht in den USA", S.96f.
[132] Vgl.: Stapf, "Zwischen First Amendment und 'public interest'", S. 4f bzw. Blackmer, "Telekommunikations- und Medienrecht in den USA", S. 106f bzw. "First Amendment Timeline", auf: *First Amendment Center* (Web: www.firstamendmentcenter.org, 08.08.2011).

Verwarnungen aussprechen, die Lizenz einschränken bzw. entziehen oder Geldstrafen verhängen. Die *FCC* darf jedoch nicht von sich aus Programminhalte überprüfen und sanktionieren, sondern erst aufgrund offiziell eingereichter Beschwerden aktiv werden. Aber was versteckt sich hinter diesen drei Begriffen?[133]

Obscene: Inhalte gelten für die FCC dann als obszön, wenn sie in ihrer Gesamtbetrachtung an ein lüsternes, sexuelles Interesse appellieren, diese sexuellen Handlungen unter den Maßstäben zeitgemäßer, gesellschaftlicher Normen und Werte offensichtlich anstößig sind und dabei keinen seriösen, literarischen, künstlerischen, politischen oder wissenschaftlichen Wert haben.[134] Um es auf den Punkt zu bringen: Mit dem Begriff *Obscene* soll in erster Linie Pornographie abgedeckt und verboten werden, da diese laut Gerichtsbeschluss nicht durch das *First Amendment* geschützt ist. Dementsprechend ist es in den USA auch auf allen TV-Sendern untersagt, obszöne Inhalte auszustrahlen.

Profane: Etwas mehr Interpretationsspielraum bietet die zweite inhaltliche Schranke, die von der FCC kontrolliert wird. Denn unter profanen Inhalten werden per Definition eigentlich gotteslästerliche Äußerungen verstanden.[135] So wurde z.B. zwischen 1934 und 1968, als sich die Produktionsfirmen in Hollywood an den *Production Code* von Will H. Hays halten mussten, mit diesem Begriff in erster Linie blasphemische Äußerungen beanstandet.[136] Häufig werden aber auch Schimpfwörter und vulgäre Ausdrücke als profan bezeichnet, was sich vor allem in der aktuellen Definition der *FCC* widerspiegelt:

> Profane language includes those words that are so highly offensive that their mere utterance in the context presented may, in legal terms, amount to a ‚nuisance'[137]

Frei übersetzt handelt es sich also um jene Wörter, die so anstößig sind, dass schon eine bloße Erwähnung einem „öffentlichen Ärgernis" gleichkommt.[138] Als

---

[133] Alle rechtlichen Angaben wurden der offiziellen Webseite der FCC entnommen. Vgl.: FCC, „Obscenity, Indecency and Profanity", auf: *Federal Communications Commission* (Web: www.fcc.gov, ohne Datum).
[134] Vgl.: Blackmer, "Telekommunikations- und Medienrecht in den USA", S.106.
[135] *Duden Oxford - Großwörterbuch Englisch*, 3. Auflage (Mannheim: Dudenverlag, 2005), S.1437 = „profane".
[136] Vgl.: Pollard, *Sex and Violence*, S. 50. Zitat: „Pointed profanity – by either title or lip – God, Lord, Jesus, Christ (unless used in a religious context), hell, damn, Gawd and every other profane and vulgar expression, however it may be spelled."
[137] FCC, "Obscenity, Indecency & Profanity - FAQ", auf: *Federal Communications Commission* (Web: www.fcc.gov, ohne Datum).

Paradebeispiel für solche Ausdrücke führt die FCC das Wort „Fuck" an. Vor allem seit den Golden Globe Awards 2003 wird dieser Ausdruck verschärft von der FCC kontrolliert. Bei der Veranstaltung, die live im US-Fernsehen übertragen wurde, hatte Preisträger Bono Vox bei seiner Dankesrede mit der Aussage „this is really, really fucking brilliant" schockiert und damit für viele Zuschauerbeschwerden gesorgt.[139] In der Praxis sollen mit dem Wort *profane* also in erster Linie vulgäre Ausdrücke unterbunden werden, denn Hinweise auf blasphemische Äußerungen findet man in den Richtlinien der FCC nicht.

Indecent: Der dritte Begriff, der von der FCC kontrolliert wird, zielt auf unzüchtige und unanständige Inhalte ab. Hierunter fallen all jene Beiträge, die sexuelle Vorgänge beschreiben oder abbilden, jedoch noch nicht als Pornographie eingestuft werden können.[140] Demnach kann das Wort „Fuck", je nach Kontext, sowohl *profane* als auch *indecent* sein – je nachdem, ob es als Schimpfwort oder als sexuelle Tätigkeit verwendet wird. Als jüngstes Paradebeispiel für eine unzüchtige Darbietung gilt der „Nipplegate-Skandal" von 2004, bei dem Janet Jacksons Brust in der Halbzeitpause des 38ten Super Bowls entblößt wurde. Dies führte letztendlich dazu, dass die Networksender von CBS, die diesen Fauxpas unzensiert ausgestrahlt hatten, hohe Geldstrafen zahlen mussten.[141]

In den *OPI*-Vorgaben und den angeführten Beispielen spiegelt sich bereits die oft zitierte amerikanische Doppelmoral wider. Die in der Verfassung verankerten Freiheiten finden in Pornographie, Geschlechtsteilen und vulgären Schimpfwörtern sehr schnell ihre Grenzen. Allerdings muss man diese scheinbar überzogen Maßnahmen etwas relativieren: Einerseits handelt es sich bei diesen Beispielen um medial hochstilisierte Einzelfälle[142], andererseits sind die *OPI*-Vorgaben nicht uneingeschränkt auf den gesamten Fernsehbereich anwendbar: Zwar ist

---

[138] Vgl.: Stapf, "Zwischen First Amendment und 'public interest'", S.5.
[139] Vgl.: FCC, „Obscenity, Indecency and Profanity", Web.
[140] Vgl.: FCC, „Obscenity, Indecency and Profanity", Web.
[141] Frank Ahrens, "The Price for On-Air Indecency Goes Up", auf: *The Washington Post* (Web: www.washingtonpost.com, 08.06.2006). Kurz darauf wurden die möglichen Geldstrafen für solche Vergehen, quasi als Warnung, sogar noch drastischer erhöht.
[142] Tatsächlich zeigt eine Statistik, dass zwar die Anzahl der Beschwerden bis 2006 stark angestiegen ist, es aber letztendlich nur in sehr wenigen Fällen auch zu einer Verurteilung gekommen ist. Zwischen 2001 und 2006 wurde nur in 10 Fällen wegen Unzüchtigkeit im Fernsehen Geldstrafen verhängt. Abgelehnte Beschwerden begründen sich dabei häufig auf einen zulässigen Kontext bzw. auf das First Amendment. Vgl. Hierzu die Einträge „Complaint And Enforcement Statistics " bzw. "Obscene, Profane & Indecent Broadcasts: Complaint Denial Orders" auf: *Federal Communications Commission* (Web: www.fcc.gov, ohne Datum).

Hardcore-Pornographie zu jeder Zeit und auf allen TV-Sendern untersagt, unanständige und profane Inhalte sind jedoch in der sogenannten *„Safe Harbor"*-Zeit, also zwischen 22:00 Uhr und 06:00 Uhr, zulässig. Lediglich Ausstrahlungen außerhalb dieses Zeitraums können, wohlgemerkt zum Schutz der Kinder, beanstandet werden. Zusätzlich, und hier kommen wir zu einem wichtigen Punkt, gelten die gesetzlichen Vorgaben bzgl. profaner und unzüchtiger Inhalte nur für sogenannte *„Broadcast Programming Services"*, also für Sender, deren Programm über Rundfunkfrequenzen ausgestrahlt wird. Ausgenommen davon sind jedoch alle *„Subscription Programming Services"* – dazu zählen jene Sender, die nur über Kabel oder Satellit zu empfangen sind.[143] Durch diese gelockerten Auflagen hat sich vor allem das Kabelfernsehen in den USA den Ruf erarbeitet, experimentierfreudiger und fortschrittlicher zu sein als die Rundfunksender.[144] Auch Comedy Central, auf dem *South Park* ausgestrahlt wird, zählt zu den Kabelsendern und müsste sich demnach nicht an die *OPI*-Vorgaben halten. Wie sich aber gleich noch zeigen wird, ist es bei der Serie vor allem in diesen Bereichen häufig zu Zensureingriffen gekommen.

4.1.2 TV Parental Guidelines

Neben den *OPI*-Vorgaben gibt es noch eine zweite Maßnahme, die dem Jugendschutz dienen soll, nämlich die *TV Parental Guidelines*. Aufgrund dieser Richtlinie, die 1996 in den USA eingeführt wurde, muss jede Sendung mit einer Alterseinstufung gekennzeichnet werden. Die Programmbewertung muss dabei während der ersten 15 Sekunden in der linken, oberen Bildschirmecke als Grafik angezeigt werden und gleichzeitig als Signalcode übertragen werden. In Kombination mit dem sogenannten „V-Chip", der seit 2000 in jedes neue Fernsehgerät in den USA integriert werden muss, ist es den Eltern per Knopfdruck möglich bestimmte Inhalte bzw. ganze Sender zu blockieren.[145] Die Bewertung der Programme wird dabei von den Sendern selbst vorgenommen und soll kennzeichnen, für welche Altersstufen bestimmte Sendungen geeignet sind. Dazu zählen u.a. folgende Einordnungen:

---

[143] Vgl.: FCC, „Obscenity, Indecency and Profanity", Web..
[144] Vgl.: Weinstock, *Taking South Park Seriously*, S.10f.
[145] Vgl.: FCC, „Obscenity, Indecency & Profanity - TV Ratings & Channel Blocking", auf: *Federal Communications Commission* (Web: www.fcc.gov, ohne Datum).

- „TV-Y": geeignet für alle Altersstufen
- „TV-PG": elterliche Aufsicht empfohlen
- „TV-14": Für Kinder unter 14 Jahren nicht geeignet
- „TV-MA": ausschließlich für Erwachsene und Kinder über 17[146]

Zusätzlich können bei den Bewertungsstufen noch Kategorien angegeben werden, die den problematischen Inhalt näher spezifizieren sollen. Dabei wird zwischen sexuellen Szenen („Sex"), vulgärer Sprache („Language"), anzüglichen Dialogen („Dialogue"), Gewalt („Violence") sowie Fantasie-Gewalt („Fantasy Violence") unterschieden, wobei die letzte Kategorie nur bei Kinderprogrammen eingesetzt wird.[147] Im Gegensatz zu den Bewertungskriterien der FCC werden bei dieser Beurteilung also auch gewalthaltige Inhalte berücksichtigt. In der Praxis wird dieses Kennzeichnungssystem jedoch häufig kritisiert. Studien zufolge werden vor allem gewalthaltige Sendungen oft nicht korrekt eingestuft und oft für ein jüngeres Publikum empfohlen, als es die Jugendschutzmaßnahmen eigentlich vorsehen würden. Außerdem hat eine höhere Einstufung keinerlei Einfluss auf die Sendezeit des Programms und selbst bei einer falschen Einstufung hat der Sender keine schwerwiegenden Konsequenzen zu befürchten.[148] Deshalb fordern Jugendschützer in den USA immer wieder nach einem effektiveren Jugendschutzsystem, das vor allem auch beim Thema Gewalt mehr Durchschlagskraft besitzt.[149]

4.1.3 Zwischenresümee

Welches Fazit kann man nun über die gesetzlichen Zensurbestimmungen in den USA ziehen? Trotz aller Freiheiten, die durch das *First Amendment* garantiert werden, gibt es vor allem im Radio- und Fernsehbereich einige inhaltliche Grenzen. Diese Schranken sind in den *OPI*-Vorgaben der FCC und den *TV Parental Guidelines* definiert und sollen in erster Linie dem Jugendschutz dienen. Dabei kristallisieren sich vor allem zwei kritische Themenbereiche heraus: vulgäre Ausdrücke und sexuelle Inhalte. Gewalthaltige Darstellungen werden zwar bei den Parental Guidelines ebenfalls berücksichtigt, dennoch sind die möglichen

---

[146] Vgl.: "Understanding the TV Ratings", auf: *TV Parental Guidelines* (Web: www.tvguidelines.org, ohne Datum).
[147] Vgl.: "Understanding the TV Ratings", auf: *TV Parental Guidelines*, Web. Anmerkung: Für den Warnhinweis am Anfang jeder Ausstrahlung werden nur Kürzel verwendet, „S" steht dabei für „Sex", „L" für „Language", „D" für „Dialogue", „V" für „Violence" und „FV" für „Fantasy Violence".
[148] Vgl.: Stapf, "Zwischen First Amendment und 'public interest'", S.6.
[149] Vgl.: PTC, "Cable Consumer Choice Campaign", auf: *Parents Television Council* (Web: www.parentstv.org, ohne Datum).

Konsequenzen für diesen Bereich weit geringer als bei den beiden anderen Themen. Das Zitat, mit dem dieses Kapitels eingeleitet wurde, bringt die inhaltlichen Vorgaben in den USA also tatsächlich bereits sehr schön zur Geltung: "Deplorable violence is okay as long as people don't say any naughty words."[150] Im Folgenden soll nun überprüft werden, ob sich diese Tendenz auch bei *South Park* widerspiegelt.

---

[150] Trey Parker und Matt Stone, *South Park - Der Film: Grösser, länger & ungeschnitten* (DVD: Warner Home Video, 2000), TC 00:55:55 (Tonspur: Englisch), [USA, 1999].

4.2 *South Park* und Schimpfwörter

> For centuries it has been thought, in the English-speaking
> world, that bad language has the power to corrupt people
> morally.[151]

> (Tony McEnery, 2009)

Wir haben nun gesehen, dass in den Vereinigten Staaten vor allem ein vulgärer und obszöner Sprachgebrauch einer gesetzlichen Kontrolle unterliegt. Der Hauptgrund für diese Maßnahmen ist wohl die Befürchtung, dass ein hemmungsloser Gebrauch diverser Kraftausdrücke zu einer moralischen Entsittlichung von Kindern und Jugendlichen führen könnte:

> Today, network television dramas receive attention for their linguistic frankness: writers and network standards departments contest scripts, citizens groups organize protests, and entrepreneurs even market 'profanity filters' for televisions and DVDs. One of the concerns consistently raised about graphic language on television and in the movies is the influence that such language will have on youth.[152]

Paul Mular, Chef der Abteilung für Standards & Practices bei KOFY-TV, einem Lokalsender in San Francisco, gibt beispielsweise an, dass der Sender die beiden Schimpfwörter „Fuck" und „Shit" immer entfernt und dass auch andere vulgäre Wörter häufig zensiert werden. Er räumt jedoch auch ein, dass Kabelsender einen etwas offeneren Umgang mit solchen Wörtern haben und diese oft im Programm beibehalten, solange die Sendung in der „Safe Harbour" Zeit ausgestrahlt wird und eine Warnung enthält, dass das folgende Programm vulgäre Ausdrücke enthalten könnte.[153] Dennoch orientieren sich viele Kabel-Sender, darunter auch Comedy Central, an den Richtlinien der *FCC* und vermeiden Schimpfwörter entweder komplett, blenden sie durch Absenkung der Tonamplitude aus, oder legen einen Beep-Ton über die vulgären Ausdrücke.[154] Bei Comedy Central bzw. bei *South Park* kommt vor allem die letztgenannte Methode zum Einsatz, um kritische Ausdrücke zu unterdrücken. Eric Cartmans Ausruf „Fuck Jesus!", der diese Arbeit

---

[151] Tony McEnery, "Bad Language", S.567. In: Jonathan Culpeper (Hg.), *English Language: Description, Variation and Context* (Basingstoke: Palgrave Macmillan, 2009), S. 564-575.
[152] Edwin L. Battistella, *Bad Language: Are some words better than others?* (Oxford: Oxford Univ. Press, 2005), S.68f.
[153] Vgl.: Cohen, *Forbidden Animation*, S.127.
[154] Vgl.: Cohen, *Forbidden Animation*, S.128. So bestätigt auch Linda Simensky, Mitarbeiterin beim Viacom-Sender Nickelodeon, dass sowohl Nickelodeon als auch MTV großes Augenmerk auf Schimpfwörter legen und häufig zensiert werden.

eingeleitet hat und auf diese Weise zensiert wurde, war nur ein erster Vorgeschmack auf solche Zensurmaßnahmen. Denn es lassen sich in der Serie unzählige Beispiele finden, bei denen Schimpfwörter und vulgäre Ausdrücke der Zensur zum Opfer gefallen sind. So wurden bereits in der allerersten Episode von *South Park* diverse Fluchtiraden durch Beep-Töne ausgeblendet. Im folgenden Dialog sind die zensierten Stellen durch die Zeichenfolge „*<beep>*" gekennzeichnet. Der exzessive Einsatz von Beep-Tönen ist in diesem Beispiel jedoch als ironischer Seitenhieb der Produzenten zu verstehen, bei dem die Zensur vulgärer Ausdrücke, die im US-amerikanischen Fernsehen üblich ist, reflektiert und überspitzt dargestellt wird:

> Kyle: Hey, you scrawny-ass *<beep>*! What the *<beep>* is wrong with you? You must be some kind of *<beeeeeep>* to be able to ignore a crying child.
>
> Stan: Wow, Dude.
>
> Kyle: You know what you *<beep>* like? You'd like to *<beep>* your *<beep>* and *<beep>* and *<beep>* and *<beep>* and *<beeeeep>*
>
> Stan: Hey, Wendy, what's a *<beeeeeep>*?[155]

Dieser Dialog suggeriert dem Zuschauer, dass faktisch alle Schimpfwörter durch einen Beep-Ton unterdrückt werden müssen. Über die Jahre hinweg betrachtet haben sich in der Serie jedoch nur einige wenige Kraftausdrücke etabliert, die mehr oder weniger konsequent mit dieser Methode ausgeblendet werden. Im Zuge meiner Recherchen habe ich anhand der DVD-Fassung die ersten zehn Staffeln von *South Park* analysiert, und dabei ausgewertet, welche Wörter auf diese Weise unterdrückt wurden und in welcher Häufigkeit.[156] Trotz der vorgenommenen Zensur war es in fast allen Fällen aus dem Kontext heraus möglich, das unterdrückte Schimpfwort zu bestimmen und der entsprechenden Kategorie zuzuordnen. Jene Fälle, in denen eine konkrete Zuordnung nicht möglich war, sind im Anhang 1 aufgelistet.[157] Die Ergebnisse zeigen dabei deutlich, dass die beiden Schimpfwörter „Fuck" und „Shit" am Häufigsten zensiert

---

[155] „Cartman gets an anal probe", TC 00:20:20 (Tonspur: Englisch). In: *South Park: Die Komplette Erste Season*, Disc 1 (DVD: Paramount Home Entertainment, 2007), [USA, 1997]. Zum besseren Verständnis habe ich längere Beeptöne durch mehrere „e" gekennzeichnet.
[156] Die Begrenzung auf die ersten 10 Staffeln wurde deshalb vorgenommen, weil die DVD-Fassungen ab Staffel 11 als „unzensierte" Version vertrieben werden, in denen alle Beep-Töne, die in der Fernsehfassung enthalten waren, entfernt wurden.
[157] Zum besseren Vergleich sind dort auch jene Wörter vermerkt, die nur selten ausgebeept wurden. Auf eine Auflistung der Wörter „Fuck" und „Shit" habe ich aufgrund ihrer Häufigkeit verzichtet.

wurden (siehe Tabelle 1).[158] Die Kraftausdrücke „Cock", „Cunt", „Fag" und „Nigger" sind dagegen nur in Einzelfällen der Zensur zum Opfer gefallen. Das liegt jedoch nicht daran, dass diese Wörter ansonsten immer unzensiert ausgestrahlt wurden. Vielmehr kommen sie, wie sich noch zeigen wird, in der Serie generell nur sehr selten zum Einsatz.

	Fuck	Shit	Fag	Cunt	Nigger	Cock	nicht zuordenbar
1. Staffel	14	1	0	0	0	0	7
2. Staffel	38	21	0	1	1	0	5
3. Staffel	18	9	0	0	0	0	0
4. Staffel	6	4	0	0	0	0	0
5. Staffel	10	3	3	0	0	0	0
6. Staffel	31	8	0	0	0	1	2
7. Staffel	26	9	0	0	0	0	0
8. Staffel	36	6	0	0	0	0	0
9. Staffel	11	2	0	0	0	0	0
10. Staffel	19	3	0	0	0	0	0

Tabelle 1: Zuordnung und Häufigkeit der Wörter, die durch einen Beep-Ton zensiert wurden.

Bei genauerer Analyse der Schimpfwörter, die in *South Park* durch Beep-Töne unterdrückt werden, stellt man fest, dass es sich vorwiegend um Kraftausdrücke handelt, die sexuell konnotiert sind. Der amerikanische Linguist Battistella bezeichnet *4-Letter-Words* wie sie „Shit", „Fuck" oder „Cunt" als vulgäre bzw. obszöne Schimpfwörter. Darüber hinaus definiert er aber noch zwei weitere Arten von Kraftausdrücken: Religiöse Flüche, wie z.B. „goddamn", stuft er als *profane* Schimpfwörter ein. Als *Epiphete* bezeichnet er hingegen herablassende Wörter, die sich gegen Minderheiten richten. Dazu gehören z.B. abwertende Begriffe für ethnische Gruppen („Nigger"), Homosexuelle („Fag") oder geistig Behinderte („Retard").[159]

Überraschend ist nun vor allem die Tatsache, dass blasphemische Ausdrücke in der Serie überhaupt nicht zensiert werden. Ganz im Gegenteil, *South Park* zeigt

---

[158] Unter den Rubriken „Fuck" bzw. „Shit" wurden auch jene Wörter klassifiziert, die eine Abwandlung darstellen, also z.B. „Motherfucker" oder „Shithead".
[159] Vgl.: Battistella, *Bad Language*, S.72.

sogar einen sehr ungezwungenen Umgang mit solchen Wörtern. So kritisierte auch der Präsident der PTC die zahlreichen gotteslästerlichen Flüche, die in der Serie vorkommen: „To my knowledge ‚South Park' is the only non-pay-cable series that includes ‚goddamn' - and does so routinely."[160] Aber auch für Epiphete gibt es mit „Fag" und „Nigger" nur zwei Ausnahmefälle, die in den ersten zehn Staffeln, also in über 150 Episoden, insgesamt nur viermal zensiert wurden. Alle anderen Beep-Töne unterdrücken dagegen vulgäre und obszöne Kraftausdrücke. Dementsprechend war wohl auch die Zensur bei Eric Cartmans Ausruf „Fuck Jesus!" eher durch das vulgäre F-Wort motiviert als durch seine blasphemische Konnotation. Damit scheint die Serie eigentlich gegen einen aktuellen Trend zu laufen, denn Battistella ist der Auffassung, dass die gesellschaftliche Akzeptanz sexueller und obszöner Ausdrücke in den letzten Jahren zugenommen hat, während ethnisch und rassistisch motivierte Epiphete immer häufiger tabuisiert und vermieden werden:

> Tolerance for certain types of coarse language is evident. The demoralization of profanity, sexual and scatological expression seems to reflect both the cachet of coarse language in American society and the twentieth century trend for the mainstreaming of popular culture. One aspect of language where taboos remain string, and in fact have probably strengthened over the last fifty years, is ethnic and racial epiphets.[161]

Bei genauerer Betrachtung entspricht der Umgang mit Epipheten aber auch bei *South Park* dieser Tendenz. Denn im Kapitel *„South Park* vs. Political Correctness" wird sich am Beispiel des rassistischen Wortes „Nigger" herausstellen, dass bestimmte Epiphete in der Serie tatsächlich vermieden werden. Zunächst soll jedoch einer anderen Frage nachgegangen werden, nämlich warum gerade die beiden vulgären Wörter „Fuck" und „Shit" so häufig in der Serie zensiert wurden. Eine mögliche Erklärung liefert uns dabei ein Rechtsfall aus den 70ern.

4.2.1 „Seven Words you can never say on Television"

Bereits in den Anfängen des amerikanischen Rundfunks wurde großes Augenmerk auf einen anständigen Sprachgebrauch gelegt. So wurde im *Communications Act of 1934* erstmals festgehalten, dass obszöne, unzüchtige und profane Ausdrücke im Radio nicht erlaubt sind.[162] Somit waren die *OPI-*

---

[160] Vgl.: Bozell, „‚South Park, Reconsidered, Sort of", Web.
[161] Battistella, *Bad Language*, S.82f.
[162] Vgl.: Battistella, *Bad Language*, S.73.

Vorgaben der FCC bereits in der frühen Phase des Rundfunks ein wichtiger Bestandteil der gesetzlichen Richtlinien. Eine genaue Definition dieser Begriffe blieb jedoch lange Zeit aus, genauso wie die Frage, welche Konsequenzen ein solcher Verstoß nach sich ziehen könnte. Einen wesentlichen Beitrag zur Klärung dieser offenen Punkte brachte der Fall „FCC vs. Pacifica Foundation" mit sich – und begründete in weiterer Folge auch die Fokussierung von Medienunternehmen auf ganz bestimmte Schimpfwörter. Bei diesem Rechtsstreit ging es um einen Radiobeitrag, den der Pacifica-Sender *WBAI* 1973 im Nachmittagsprogramm ausgestrahlt hat. Dabei handelte es sich um den Monolog *Filthy Words* des Stand-Up Comedians George Carlin. Als "Seven Words You Can Never Say on Television" deklarierte er dabei die Wörter "Fuck", "Shit", "Motherfucker", "Cocksucker", "Piss", "Cunt" und "Tits". Doch obwohl dieser Beitrag mit einer inhaltlichen Warnung an die Zuschauer eingeleitet wurde, gab es eine Beschwerde eines aufgebrachten Vaters, der den Monolog zusammen mit seinem Sohn im Auto gehört hatte. Als Konsequenz hat die *FCC* dem Sender verboten, den Beitrag außerhalb der „Safe Harbour"-Zeit erneut auszustrahlen. Der Sender legte zwar Widerspruch ein, dieser wurde jedoch vom Supreme Court abgelehnt. Somit wurde durch dieses Urteil nicht nur der Handlungsspielraum der *FCC* abgesichert, sondern hat TV- und Radiosender auch vermehrt dazu bewegt, ihr Programm strikter zu überwachen und wenn nötig zu zensieren.[163] Erstmals hatten die Sender nun auch konkrete Anhaltspunkte, welche Wörter als unanständig und obszön angesehen werden. Dementsprechend entstand in den Jahren nach diesem Urteil eine „Post-Pacifica"-Ära, bei der sich nicht nur die Medienunternehmen an diesen „Seven Dirty Words" orientiert haben, sondern auch die Prüfungspraxis der *FCC*.[164]

Wenn man nun jene sieben Wörter, die von Carlin als Tabuwörter im Fernsehen definiert wurden, mit jenen Ausdrücken vergleicht, die bei *South Park* durch Beep-Töne zensiert werden, sind auch 30 Jahre nach dem *Pacifica*-Urteil immer noch erstaunliche Parallelen feststellbar. So wird vor allem das Schimpfwort „Fuck" von der *FCC* immer noch als Maßstab vulgärer Ausdrücke herangezogen:

---

[163] Vgl.: Cohen, *Forbidden Animation*, S.123f.
[164] Vgl.: Lili Levi, "The FCC's Regulation of Indecency", S.10ff. Auf: *First Amendment Center* (Web: www.firstamendmentcenter.org, April 2008).

Depending on the context presented, use of the ‚F-Word' or other words as highly offensive as the ‚F-Word', may be both indecent and profane, if aired between 6 a.m. and 10 p.m.[165]

South Park wäre aber nicht als tabubrechende Zeichentrickserie in die TV-Geschichte eingegangen, wenn die Produzenten nicht auch versucht hätten, an diesen Sprachtabus zu rütteln. Deshalb ist es nicht nur interessant, nach jenen Wörtern zu suchen, die in der Serie zensiert wurden, sondern sich auch jenen Beispielen zu widmen, in denen diese tabuisierten Wörter, trotz aller Restriktionen, unzensiert im Fernsehen ausgestrahlt werden konnten.

4.2.2 Enttabuisierung à la *South Park*

Die Folge „It hits the fan" ist für eine solche Aufweichung der Restriktionen wohl das anschaulichste Beispiel. Denn Stone und Parker konnten den Sender Comedy Central davon überzeugen, das Wort „Shit" unzensiert auszustrahlen – und das ganze 162 Mal.[166] Die Episode beginnt damit, dass Eric seinen Freunden aufgeregt davon berichtet, dass in der Sendung „Cop Drama" eine Tabu gebrochen werden soll:

<u>Eric:</u> They're gonna say something that's never been said on television. [...] Tonight on Cop Drama, on TV, they're gonna say ... „Shit".

<u>Kyle:</u> They're gonna say "shit" on television?

<u>Stan:</u> They can't say "shit" on television.

<u>Eric:</u> It was just on the news. People are freaking out, dude.

<u>Stan:</u> Holy f<*beep*>ing shit![167]

In dieser Szene wird somit zunächst etabliert, dass das Wort „Shit" auch in der diegetischen Welt von South Park ein großes Tabu darstellt und dass diese moralische Schranke auch in den Köpfen der Kinder fest verankert ist. Während Kyle hinter dieser Aktion zunächst nur eine geschickte Marketingstrategie des Senders vermutet, sind alle anderen völlig aus dem Häuschen und lassen sich die Sendung nicht entgehen. Nachdem der vulgäre Ausdruck in der Serie gefallen ist, verliert das Tabuwort „Shit" auch unter den Bewohnern von South Park seinen restriktiven Charakter und wird in jeder nur erdenklichen Situation verwendet. Kyle

---

[165] FCC, "Obscenity, Indecency & Profanity - FAQ", Web.
[166] Vgl.: „It hits the fan", in: *South Park: Die Komplette Fünfte Season,* Disc 1 (DVD: Paramount Home Entertainment, 2007), [USA, 2001]. In der Episode läuft am unteren Bildrand ein Counter mit, der sich bei jeder Erwähnung des Wortes erhöht.
[167] „It hits the fan", DVD, TC 00:00:55 (Tonspur: Englisch).

und seine Freunde finden in weiterer Folge jedoch heraus, dass der übermäßige Gebrauch dieses Schimpfwortes einen Fluch über die Erde bringen könnte. Nur mit Hilfe der „Knights of Standards and Practices" – eine eindeutige Anspielung auf die senderinterne Zensurstelle – gelingt es den Kindern, die drohende Gefahr abzuwehren. In der finalen Rede schlagen die Kinder einen für *South Park* ungewöhnlichen Ton an und verteidigen sowohl die senderinterne Zensurstelle als auch die Tabuisierung vulgärer Ausdrücke:

> Kyle: The Knights of Standards and Practices were created to make sure that bad words were kept to a minimum. Curse Words. They're called that because they are cursed. We have to go back to only using curse words in rare, extreme circumstances.

> Stan: And, besides, too much use of a dirty word takes away from its impact. We believe in free speech and all that, but making a few words taboo just adds to the fun of English.[168]

Aus der Sicht des Jugendschutzes wird hier also eine begrüßenswerte moralische Aussage vermittelt. Und diese Moral war wohl auch der entscheidende Grund dafür, warum das Wort „Shit" in dieser Episode unzensiert ausgestrahlt werden durfte. Stone und Parker geben solche „Political Statements" als effektive Methode an, um kritische Inhalte, trotz ihrer gesellschaftlichen Tabuisierung, in die Serie einbauen zu können.[169]

Wie entscheidend der richtige Kontext für eine Aufhebung der Zensurbestimmungen ist, zeigt sich in der Episode „Le Petit Tourette". In dieser Folge wird das Tourette-Syndrom thematisiert, eine Krankheit, bei der Personen Schimpfwörter häufig nicht unterdrücken bzw. kontrollieren können. Cartman gibt dabei vor, dass er an dieser Krankheit leidet – wohlwissend, dass er dadurch hemmungslos fluchen kann, ohne dafür bestraft zu werden.[170] Somit bietet diese Krankheit den perfekten Kontext, um Kraftausdrücke unzensiert einbauen zu können. Und tatsächlich hatten die Verantwortlichen bei Comedy Central, auch zur Überraschung von Stone und Parker, nur wenig Einwände gegen die Episode. Dennoch gab es einige Vorgaben, an die sich die Produzenten halten mussten:

> Comedy Central let us say almost whatever we wanted. [...] It came to phone calls of like "All right, you can have five 'cocks', two 'shits', but no 'fuck'." And it's like, there's stuff in here he [Anm: Eric Cartman] says that's way worse

---

[168] „It hits the fan", DVD, TC 00:19:58 (Tonspur: Englisch).
[169] Vgl.: „It hits the fan", DVD, TC 00:01:50 (Tonspur: Audio-Kommentar).
[170] Vgl.: „Le Petit Tourette", DVD.

than saying 'fuck'. It's just the magic word. They just can't say ‚fucker'. Advertisers will have a fit, I guess.[171]

Diese Aussage belegt einerseits, dass Schimpfwörter wie „Shit" tatsächlich keine unüberwindbare, gesetzliche Schranke für einen Kabelsender darstellen. Vielmehr wird betont, dass es vor allem die Werbekunden sind, die ein entscheidendes Mitspracherecht an den Inhalten der Show haben. Andererseits verdeutlicht die Aussage aber auch, dass es eine magische Grenze gibt, die nicht überschritten werden darf – und diese Grenze scheint im Wort „Fuck" zu liegen. Und in der Tat ist mir in den ersten zehn Staffeln keine Szene untergekommen, in der dieses Schimpfwort unzensiert erwähnt wurde. Allerdings lässt es sich nur schwer bestimmen, ob die konsequente Unterdrückung dieses Wortes aus den gesetzlichen Vorgaben resultiert oder aufgrund möglicher Bedenken der Werbekunden.

Neben „Fuck" und „Shit" finden sich in der Auswertung auch die beiden Schimpfwörter „Cock" und „Cunt" wieder. Im Prinzip gilt für diese beiden Ausdrücke das Gleiche wie für das Wort „Shit": Auch sie werden fast ausnahmslos durch einen Beep-Ton zensiert. Der große Unterschied ist jedoch, dass die beiden Wörter sehr selten in der Serie zum Einsatz kommen. So gibt es in den ersten zehn Staffeln nur je eine Episode, in der die beiden Wörter durch einen Beep-Ton unterdrückt wurden (siehe Anhang 1). Unzensiert wurde das Schimpfwort „Cock" in zwei Episoden ausgestrahlt, und zwar in jenen beiden Episoden, in denen auch das Wort „Shit" von Comedy Central erlaubt wurde. Während das Wort in der Episode „It Hits the Fan" nur einmal zum Einsatz kommt[172], wird es in der Episode „Le Petite Tourette" gleich mehrmals verwendet.[173]

Ähnliches gilt auch für den vulgären Ausdruck „Cunt". Laut einer Studie handelt es sich dabei um jenes Schimpfwort, das im englischen Sprachgebrauch die heftigste Wirkung erzielt.[174] In den ersten zehn Staffeln wird das C-Word nur ein einziges Mal als Schimpfwort eingesetzt und dementsprechend auch zensiert (siehe Anhang 1). Aber auch hier gibt es zwei Ausnahmefälle, bei denen das Wort, wenn

---

[171] „Le Petit Tourette", DVD, TC 00:01:20 (Tonspur: Audio-Kommentar).

[172] „It Hits the Fan", DVD, TC 00:07:45 (Tonspur: Englisch). Zitat Eric Cartman: "We're gonna have to start saying other bad words, like 'cock' and f<beep> and 'meecrob'".

[173] Vgl.: „Le Petite Tourette", DVD, TC 00:00:55 (Tonspur: Englisch). In der Anfangsszene begegnet Eric Cartman einen Jungen, der unter dem Tourette-Syndrom leidet und der dabei häufig das Wort „Cock" von sich gibt.

[174] Vgl.: McEnery, „Bad Language", S.572.

auch in einem vollkommen anderen Zusammenhang, zu hören war. Zum Einen in der Episode „Something you can do with your finger", in der Wendy ein Lied singt, das vor Zweideutigkeiten und Wortspielen nur so strotzt:

Wendy: Balzac was a writer, he lived with Allen Funt
Mrs Roberts didn't like him, but that's 'cause she's a
Cont-animated water can really make you sick [...][175]

Dabei wird das Wort "Contanimated" so zweigeteilt, dass es sich mit der ersten Textzeile reimt und somit ein recht eindeutiges "Cunt" zu hören ist. Noch viel offensichtlicher wird das Wort in der Episode "Raisins" verwendet, in der Jimmy von Stan damit beauftragt wird seiner Freundin Wendy mitzuteilen, dass sie „a continuing source of inspiration" für ihn ist. Da Jimmy jedoch stottert, bringt er nur ein „Stan says you're a cont..., cont..., cont..." heraus, was sich aber viel mehr wie ein „Cunt" anhört.[176] Somit ist es den Produzenten gelungen, dieses Tabuwort durch kreative Umgehungsstrategien zu durchbrechen. Angesichts dieser offensichtlichen Regelverletzung fragt sich aber auch ein erstaunter Trey Parker: „Why did they [Anm: Comedy Central] let us do this?"[177]

4.2.3 Die Effektivität von Beep-Tönen

Wenn man sich bei *South Park* den Einsatz der Beep-Töne etwas genauer ansieht, ist es ohnehin fraglich, ob es sich bei dieser Art der Zensur tatsächlich um eine geeignete Maßnahme des Senders handelt, um sich gegen verärgerte Jugendschutzorganisationen oder Werbepartner abzusichern. Genauso gut könnte man es auch als eine Art „running gag" betrachten: Denn meistens ist der Anfang bzw. das Ende des betreffenden Schimpfwortes noch kurz zu hören. So beginnt „Shit" phonetisch meist mit einem „sh" beginnt, gefolgt von einem kurzen Beep-Ton und einem gerade noch wahrnehmbaren „t". Das Gleiche gilt auch für das F-Wort. In Verbindung mit dem jeweiligen Kontext kann somit nicht nur der fachkundige *South Park*-Fan erahnen, welches Wort gerade unterdrückt wird:

Eric: Well, f<*beep*> you, Kyle! I hope you f<*beep*>ing die![178]

---

[175] "Something you can do with your finger", TC 00:05:15 (Tonspur: Englisch). In: *South Park: Die Komplette Vierte Season,* Disc 2 (DVD: Paramount Home Entertainment, 2008). [Orig. 2000].
[176] „Raisins", TC 00:03:18 (Tonspur: Englisch). In: *South Park: Die Komplette Siebte Season*, Disc 3 (DVD: Paramount Home Entertainment, 2008), [USA, 2003].
[177] „Raisins", DVD, TC 00:03:17 (Tonspur: Audio-Kommentar).
[178] „Casa Bonita", TC 00:02:33 (Tonspur: Englisch). In: *South Park: Die Komplette Siebte Season*, Disc 3 (DVD: Paramount Home Entertainment, 2008), [USA, 2003].

Allein durch den Satzaufbau ist es ziemlich offensichtlich, dass hier zweimal das Wort „Fuck" ausgeblendet wurde. Aus diesem Grund war es bei der Analyse möglich, die meisten Wörter eindeutig zu kategorisieren. Gleichzeitig kann solch eine „angelernte" Assoziation, bei der Beep-Töne automatisch mit bestimmten Schimpfwörtern verknüpft werden, jedoch auch in die Irre führen und sogar verstärkend wirken. Das beste Beispiel liefert dafür die Episode „Preschool", in der ein Flashback in die Kindergartenzeit der vier Jungs gemacht wird. Die dort verwendeten Stimmen wurden jedoch nicht, wie sonst üblich, von Matt Stone und Trey Parker synchronisiert, sondern von kleinen Kindern eingesprochen. Um den jungen Synchronsprechern dabei nicht unanständige Wörter in den Mund zu legen, wurden relativ harmlose Begriffe verwendet, die jedoch im Nachhinein durch Beep-Töne verschärft wurden. So geben Stone und Parker an, dass der zensierte Satz „Do you <beeeep>s even know how to put out a fire?"[179] in Wahrheit als „Do you dummies even know how to put out a fire?" aufgenommen wurde.[180] Wenn man sich die betreffende Szene ansieht, würde ein eingefleischter *South Park*-Fan hinter dem Beep-Ton jedoch ohne Zweifel ein "fuckers" vermuten. An diesem Beispiel kann man sehr schön erkennen, dass die Zensurmaßnahmen, die eigentlich bestimmte Wörter unterdrücken sollten, beim Zuschauer trotzdem eine anstößige Assoziation hervorrufen können.

Da stellt sich natürlich die Frage, ob diese Art der Zensur überhaupt eine wirkungsvolle Maßnahme darstellt, um Kinder und Jugendliche vor „bösen" Wörtern zu schützen. Hier plädiere ich für ein eindeutiges „Jein". Zwar sind viele der zensierten Kraftausdrücke für das fachkundige und ältere Publikum relativ einfach entschlüsselbar, dennoch wird dadurch verhindert, dass Kinder, die mit dem Umgang solcher Wörter noch nicht so vertraut sind, in direkten Kontakt mit diesen Ausdrücken kommen. Zusätzlich tragen diese Zensurmaßnahmen aber auch dazu bei, dass die Tabuisierung bestimmter Wörter aufrecht erhalten wird. So könnte ein ungehemmter medialer Gebrauch von tabuisierten Wörtern, geht man von einer direkten und unmittelbaren Medienwirkung aus, unter Umständen auch im Alltag zu einer ungezwungeneren Verwendung führen.

---

[179] „Preschool", TC 00:02:22 (Tonspur: Englisch). In: *South Park: Die Komplette Achte Season*, Disc 2 (DVD: Paramount Home Entertainment, 2008), [USA, 2004].
[180] Vgl.: „Preschool", DVD, TC 00:02:34 (Tonspur: Audio-Kommentar).

4.2.4 Zwischenresümee

Zusammenfassend kann man sagen, dass die gesetzliche Einschränkung vulgärer Ausdrücke auch bei *South Park* mehr oder weniger konsequent zum Tragen kommt. Bemerkenswert ist dabei vor allem die Fokussierung auf die beiden Kraftausdrücke „Fuck" und „Shit", die sehr häufig in der Serie vorkommen und dabei fast ausnahmslos durch einen Beep-Ton zensiert wurden. Nur im richtigen Kontext scheint eine unzensierte Verwendung erlaubt zu sein. Das gilt auch für die beiden Ausdrücke „Cock" und „Cunt", die jedoch in der Serie generell sehr selten benutzt werden. Von einem tabulosen Umgang mit vulgären Ausdrücken kann bei *South Park* allerdings nicht die Rede sein. Es ist jedoch fraglich, ob diese Zensurmaßnahmen tatsächlich das Resultat der gesetzlichen Vorschriften sind, denn eigentlich müsste sich Comedy Central als Kabelsender nicht an diese Vorgaben halten. So wäre es durchaus denkbar, dass sich der Sender – aus Angst davor, Werbekunden zu verlieren – an Moralvorstellungen orientiert, die nach wie vor fest in der amerikanischen Gesellschaft verankert zu sein scheinen. Von einer größer werdenden gesellschaftlichen Akzeptanz vulgärer und obszöner Ausdrücke, wie sie Battistella beschreibt, wäre in diesem Fall jedoch kaum etwas zu spüren.

4.3 *South Park* und Sex

> Almost any sex is worse than almost all violence.
>
> (Mark Harris, Entertainment Weekly)[181]

Neben *profanen* Ausdrücken fallen unter dem Begriff *indecent* auch sexuelle Inhalte in den Kontrollbereich der Regulierungsbehörde *FCC*. Wenn wir uns nun mit der Frage auseinandersetzen, ob es bei *South Park* auch in diesem Bereich zu zensorischen Maßnahmen gekommen ist, sollte man jedoch folgende Prämissen im Kopf behalten: *South Park* ist eine Zeichentrickserie, in der sexuelle Vorgänge nur in gezeichneter Form dargestellt werden – jeglicher Realitätsbezug wird somit durch den rudimentären Scherenschnittstil verhindert. Außerdem wird *South Park* für einen Kabelsender produziert, der somit auch nicht den Auflagen und Richtlinien der *FCC* unterliegt und dementsprechend freizügiger agieren könnte als „Public Broadcasting"-Sender. Und last but not least: *South Park* ist eine Satire, die für ein erwachsenes Publikum produziert wird und bei der übertriebene Darstellungen zur Tagesordnung gehören.[182] All diese Faktoren würden eigentlich dafür sprechen, dass die Serie einen relativ ungezwungenen Umgang mit sexuellen Darstellungen haben sollte. Dass dem jedoch nicht immer so ist, werden die nun folgenden Beispiele beweisen – sozusagen ein Bilderbuch der amerikanischen sexuellen Freizügigkeit und deren manchmal fragwürdigen Grenzen.

Wie ambivalent sexuelle Darstellungen und Ausdrücke bei *South Park* gehandhabt werden, zeigt sich z.B. in der Episode "Fat Camp", in der Kenny gegen Bezahlung die irrwitzigsten Sachen macht und sogar eine eigene TV-Show dafür bekommt. Als ultimativen Stunt plant er dabei, einige Stunden im Uterus der Busfahrerin Ms. Crabtree zu verbringen. Letztendlich wird er jedoch tot aus deren Vagina gepresst. Diese Szene sollte ursprünglich sehr explizit dargestellt werden. Comedy Central hat diese Stelle jedoch nur unter der Voraussetzung genehmigt, dass der Vorgang

---

[181] Mark Harris, "NC-17: Fatally Flawed", auf: *Entertainment Weekly* (Web: www.ew.com, 18.06.2007).
[182] Vgl.: Rose, "Building the Fun Bomb", Web. Darin hebt Doug Herzog , der damalige Senderchef von Comedy Central, hervor, dass die Sendung in erster Linie für Erwachsene produziert wird und dementsprechend auch wenig Rücksicht auf eine familien- bzw. kindergerechte Aufbereitung genommen wird: "We're an adult network, we reserve the right to program our network for adults."

hinter einem kleinen Vorhang stattfindet (siehe Abbildung 2)[183]. Das war letztendlich mehr, als sich Stone und Parker erhofft hatten, denn eigentlich haben sie nicht damit gerechnet, dass sie diese Szene überhaupt in die Episode einbauen dürfen: „This is one of the most disgusting things we've ever done on the show."[184] Gleichzeitig geben die beiden Produzenten jedoch an, dass es an einer anderen Stelle zu einer etwas fragwürdigen Einschränkung gekommen ist. Ursprünglich sollte das Geschlechtsteil von Ms. Crabtree als „stinky coos" („stinkende Muschi") bezeichnet werden, dies wurde allerdings von den Senderverantwortlichen abgelehnt: „Comedy Central Standards always kind of had a problem with "Stinky coos," or "smelly vagina". Any kind of smelly vagina jokes they just really weren't into. I don't know why."[185] Bereits an diesem Beispiel zeigt sich, dass der Sender auch bei sexuellen Themen großen Wert auf einen angemessenen Sprachgebrauch legt, wohingegen die Grenze bei drastischen Darstellungen ungleich höher zu sein scheint.

Abbildung 2: Ms. Crabtrees Vagina musste durch einen Vorhang verdeckt werden.

Abbildung 3: Eric befriedigt Ben Affleck mit der Hand - unzensiert.

Diese Tendenz zeigt sich auch in der Episode „Fat Butt and Pancake head", bei der sich die Produzenten eigentlich erneut mehr Gegenwehr vom Sender erwartet hätten. In dieser Folge gibt Cartman vor, dass die Sängerin Jennifer Lopez Besitz von seiner Hand ergriffen hat. Dies führt letztendlich dazu, dass er in einer Szene Ben Affleck einen Handjob verpasst, der zwar nicht explizit zu sehen ist, aber dennoch eindeutig zur Geltung kommt (siehe Abbildung 3)[186]. Diese Szene ist vor

---

[183] "Fat Camp", TC 00:19:19. In: *South Park: Die Komplette Vierte Season,* Disc 3 (DVD: Paramount Home Entertainment, 2008). [Orig. 2000].
[184] Vgl.: "Fat Camp", DVD, TC 00:02:20 (Tonspur: Audio-Kommentar).
[185] Vgl.: "Fat Camp", DVD, TC 00:02:43 (Tonspur: Audio-Kommentar).
[186] „Fat Butt and Pancake head", TC 00:14:43. In: *South Park: Die Komplette Siebte Season,* Disc 1 (DVD: Paramount Home Entertainment, 2008), [USA, 2003].

allem deshalb problematisch, weil sie eine sexuelle Handlung zwischen einem Kind und einem Erwachsenen zeigt. Auch Matt Stone zeigt sich überrascht, dass die Szene trotzdem nicht beanstandet wurde: „I'm surprised Legal let us do it. I just don't even understand why they let us do it." Gleichzeitig räumt er jedoch ein, dass es in fast jeder Episode vorkommt, dass die Verantwortlichen von Comedy Central Elemente genehmigen, die er selbst für kritisch und moralisch bedenklich hält.[187] Diese Aussage untermauert somit auch die Vermutung, dass Comedy Central durchaus bereit ist, riskante und gewagte Szenen in ihr Programm einzubauen. Dadurch wird das tabubrechende Image der Serie weiter forciert und sorgt somit auch für mehr Aufmerksamkeit in der Öffentlichkeit.

Dennoch gibt es auch für die Verantwortlichen von Comedy Central Grenzen, die nicht überschritten werden dürfen. In "The Jeffersons" feiert Michael Jackson mit den Kindern eine Pyjama-Party. Kyle, dem diese Szenerie äußerst suspekt vorkommt, träumt in weiterer Folge davon, dass Eric mit Michael Jackson rummacht. Eine explizite Darstellung dieser Vorgänge wurde jedoch von der Abteilung für *Standards & Practices* untersagt: „There was a big fight with Comedy Central about this scene. [...] I think first they just fully made out for a long time and then I think they ended up cutting that out."[188] Die Szene befindet sich zwar noch in der Episode, zu einem Kuss, der laut Aussage der Produzenten geplant war, kommt es jedoch nicht. Somit dürfen sich Eric und Michael Jackson nicht näher kommen, als in Abbildung 4 zu sehen ist.[189]

Wie freizügig die Verantwortlichen bei Comedy Central bei explizit sexuellen Darstellungen jedoch sein können, selbst zur Überraschung der Produzenten, verdeutlicht die Episode "Over logging". Darin onaniert Stans Vater Randy zu Internet-Pornos, was man jedoch nur aus dem Off erahnen kann. Erst nachdem der Akt vorbei ist, wechselt die Szene in den Raum des Geschehens. Dort sieht man den völlig befriedigten und entspannten Randy, wie er sich in seinem eigenen

---

[187] Vgl.: „Fat Butt and Pancake head", DVD, TC 00:02:10 (Tonspur: Audio-Kommentar).
[188] „The Jeffersons", TC 00:03:58 (Tonspur: Audio-Kommentar). In: *South Park: Die Komplette Achte Season*, Disc 2 (DVD: Paramount Home Entertainment, 2008), [USA, 2004].
[189] „The Jeffersons", DVD, TC 00:10:25.

Sperma suhlt (siehe Abbildung 5)[190]. Sogar Stone und Parker waren schockiert, dass der Sender diese Bilder genehmigt hat:

> This Episode does definitely have, I think, the most offensive shot we've ever done in any *South Park* episode, ever. I actually cannot believe they let us put that on the air.[191]

Abbildung 4: Der Kuss zwischen Eric und Michael Jackson wurde zensiert.

Abbildung 5: Stans Vater Randy suhlt sich in seinem Sperma - unzensiert.

Es ist kein Einzelfall, dass die Vorgaben von Comedy Central für die Produzenten nicht nachvollziehbar sind. Bestes Beispiel dafür ist die Episode „Proper Condom Use". Zu Beginn dieser Folge spielt Eric das Spiel „Rote Rakete", bei dem man einen Hund „melken" muss. Dass es sich dabei in Wahrheit um einen sexuellen Akt handelt, bei dem er den Hund mit der Hand befriedigt, ist ihm in seiner kindlichen Naivität natürlich nicht bewusst. Erstaunlich ist jedoch, dass dieser Vorgang äußerst explizit dargestellt werden durfte – sowohl der erigierte Hundepenis als auch der Vorgang selbst sind zu sehen. Als Krönung spritzt die „Hundemilch" letztendlich sogar ins freudig erregte Gesicht von Eric (siehe Abbildung 6)[192]. Diese explizite Darstellung war auch der Grund, warum die Szene von der *PTC* in ihre Liste der „Worst Clips on TV" aufgenommen wurde.[193] Das ist auch nicht weiter verwunderlich, denn immerhin handelt es sich bei dieser Szene um einen Akt von Sodomie, der in Deutschland auch in gezeichneter Form zu

---

[190] „Over logging", TC 00:18:43. In: *South Park: Die Komplette Zwölfte Season,* Disc 2 (DVD: Paramount Home Entertainment, 2009), [USA, 2008].
[191] „Over logging", DVD, TC 00:01:36 (Tonspur: Audio-Kommentar)
[192] "Proper Condom Use", TC 00:01:27. In: *South Park: Die Komplette Fünfte Season,* Disc 2 (DVD: Paramount Home Entertainment, 2007), [USA, 2001].
[193] PTC, "TV's Worst Clips 2001-2004", auf: *Parents Television Council* (Web: www.parentstv.org, 01.08.2001).

Problemen führen könnte.[194] Dennoch wurde die Szene weder in Deutschland noch in den als prüde verschrienen USA verboten oder zensiert. Sogar in den Augen der Produzenten ist diese Szene einfach nur „appaling" – entsetzlich.[195]

Interessanterweise fiel in dieser Episode eine andere Stelle sehr wohl dem Zensurstift zum Opfer. In der betreffenden Szene zeigt Mr. Garrison den Kindergartenkindern, wie man ein Kondom „richtig" überstreift. Dabei nimmt er das Kondom zunächst in den Mund, um es anschließend über einen Holzpenis zu stülpen. Hier zeigte sich Comedy Central wesentlich prüder als in der vorher beschriebenen Szene. Denn ursprünglich war geplant, dass Mr. Garrisons Bewegung komplett über den hölzernen Phallus führen soll. Die Senderverantwortlichen haben jedoch darauf bestanden, dass seine Bewegung nur angedeutet wird. Somit darf Mr. Garrisons Mund gerade nicht bzw. gerade noch die Penisspitze berühren, aber nicht über den Schaft runterfahren (siehe Abbildung 7)[196].

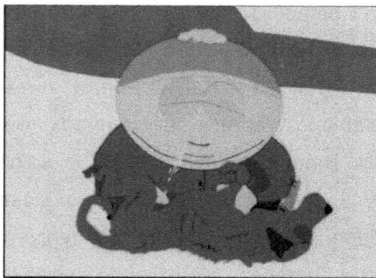

Abbildung 6: Eric „melkt" seinen Hund, sehr explizit aber dennoch unzensiert.

Abbildung 7: Mr. Garrisons Kondom-Unterricht musste zensiert werden.

Die Produzenten mussten zwar nur wenige Frames entfernen, dennoch konnten Stone und Parker diese Anweisung des Senders nicht nachvollziehen. So erläutern sie im DVD-Kommentar, dass es aufgrund dieser Zensurmaßnahme zu heftigen Debatten mit dem Sender gekommen sei:

---

[194] So sind laut dem Jugendmedienschutz-Staatsvertrag mediale Produkte, die sexuelle Handlungen von Menschen mit Tieren zeigen, eigentlich unzulässig. Mit dem umstrittenen und nicht eindeutig auslegbaren Zusatz „dies gilt auch bei virtuellen Darstellungen" könnte man sogar annehmen, dass sich eigentlich auch Zeichentrickserien an diese Bestimmung halten müssten. Vgl.: Jugendmedienschutz-Staatsvertrag, §4, Abs. 1, Punkt 10.
[195] "Proper Condom Use", DVD, TC 00:01:30 (Tonspur: Audio-Kommentar).
[196] "Proper Condom Use", DVD, TC 00:12:43.

It was one of those things where, in the middle of the night, we were just arguing and arguing, and then I just said, 'We're leaving it in,' and went home. Then there were phone calls in the morning and, basically, it got taken out. But it was really, honestly, a matter of probably six to eight frames. [197]

Trotzdem darf natürlich auch bei *South Park* nicht alles gezeigt werden. So musste z.B. in der Episode "Cartman sucks" ein kleines, aber entscheidendes Detail entfernt werden. Um seinen Freund Butters zu blamieren, will Eric in der betreffenden Szene ein Foto machen, bei dem der ahnungslose Butters seinen Penis im Mund hat. Dabei lässt Eric die Hosen runter: „We had a little tiny penis on Cartman. And they [Comedy Central Standards] were like, 'You can't have the little penis.'"[198] Erics Penis musste hier also rausgeschnitten werden (siehe Abbildung 8)[199], obwohl dieser bereits in früheren Episoden zu sehen war. So ist Erics „little penis" unter anderem in der Episode „Good Times with Weapons" erkennbar, in der sich Eric splitterfasernackt an den Erwachsenen vorbeischleichen will (siehe Abbildung 9)[200]. Prompt wird eine städtische Krisensitzung einberufen, in der man über dieses unmögliche Verhalten von Eric diskutiert. Dabei wird jedoch vollkommen übergangen, dass Butters kurz zuvor von einem Ninja-Stern schwer am Auge verletzt wurde.

Abbildung 8: Erics Penis musste zensiert werden.

Abbildung 9: Erics Penis durfte in einer früheren Episode unzensiert gezeigt werden.

Diese letzte Szene stellt eine eindeutige Anspielung auf die vermeintliche Doppelmoral der amerikanischen Bevölkerung dar: Gewalt ist in Ordnung, aber

---

[197] Vgl.: "Proper Condom Use", DVD, TC 00:02:08 (Tonspur: Audio-Kommentar).

[198] "Cartman sucks", TC 00:04:20 (Tonspur: Audio-Kommentar). In: *South Park: Die Komplette Elfte Season,* Disc 1 (DVD: Paramount Home Entertainment, 2009), [USA, 2007].

[199] "Cartman sucks", DVD, TC 00:04:22.

[200] „Good Times with Weapons", TC 00:19:05. In: *South Park: Die Komplette Achte Season*, Disc1, (DVD: Paramount Home Entertainment, 2008), [USA, 2004].

Nacktheit und Sexualität ist verpönt. Oder wie es im Eingangszitat formuliert wird: „Almost any sex is worse than almost all violence." [201] Allerdings verdeutlichen die hier angeführten Beispiele, dass sexuell konnotierte Inhalte bei *South Park* bei weitem nicht so konsequent unterbunden werden, wie man das aufgrund der Praxis bei den Schimpfwörtern und vulgären Ausdrücken vielleicht hätte vermuten können. Vielmehr hat sich ein differenzierteres und mitunter sogar willkürliches Zensurmuster gezeigt: Während manche Szenen, z.B. der Kuss zwischen Eric Cartman und Michael Jackson bzw. Mr. Garrisons Kondom-Unterricht, auf Weisung der Senderverantwortlichen zensiert werden mussten, durften andere Szenen, auch zur Überraschung der Produzenten, unzensiert ausgestrahlt werden. Selbst ein Akt von Sodomie stellt bei *South Park* keine unüberwindbare Schranke dar. Es scheint also so, als würden die Grenzen bei sexuellen Inhalten bereits relativ hoch liegen. Deshalb liegt nun eigentlich auch die Vermutung nahe, dass gewalthaltige Darstellungen bei *South Park* noch weniger Restriktionen unterliegen. Ob dem wirklich so ist, soll im Folgenden untersucht werden.

---

[201] Harris, "NC-17: Fatally Flawed", Web.

4.4 *South Park* und Gewalt

> Like sex, violence sells tickets, and, because of antisex censorships, violence continues to be a safer bet financially.[202]
>
> (Pollard, 2009)

Im Gegensatz zu vulgären Ausdrücken und sexuell konnotierten Inhalten fallen Gewaltdarstellungen nicht in den Kontrollbereich der FCC, sondern müssen im Zuge der *TV Parental Guidelines* vom Sender überprüft und dementsprechend für eine bestimmte Altersstufe empfohlen werden. Diese Maßnahme scheint jedoch nur wenig Durchschlagskraft zu besitzen, denn explizite Gewaltszenen können in Amerika dennoch problemlos im Tagesprogramm gezeigt werden, solange die Sendung durch einen entsprechenden Rating-Vermerk gekennzeichnet wurde. Selbst bei einer nicht korrekten Einstufung hat ein Sender kaum Konsequenzen zu befürchten. Somit sind die Restriktionen, die in den USA im Zuge der Jugendschutzbestimmungen festgelegt wurden, beim Themenkomplex Gewalt geringer als bei einem vulgären Sprachgebrauch oder bei sexuellen Inhalten. So belegt auch eine Studie, dass es in Amerika vor allem bei Kinderfilmen zu überdurchschnittlich vielen Gewaltdarstellungen kommt. Dabei haben die Forscher herausgefunden, dass vor allem Zeichentrickfilme signifikant mehr Gewaltelemente enthalten als nicht animierte Filme. Darüber hinaus hat sich in dieser Studie gezeigt, dass Filme, die mit einer Warnung für Gewaltdarstellungen klassifiziert wurden, auch höhere Einnahmen haben als Filme ohne eine solche „Auszeichnung".[203] Kein Wunder also, wenn Tom Pollard dadurch zum Schluss kommt, dass Medienunternehmen eher auf sexuelle Darstellungen verzichten als auf Gewalt.

Wie man bisher gesehen hat, lässt sich auch bei *South Park* eine „antisex censorship" erkennen, wobei die Tabugrenze bei sexuellen Darstellungen jedoch höher zu sein scheint als bei vulgären Kraftausdrücken. Aber auch hinsichtlich Gewaltdarstellungen scheint sich die Aussage von Pollard zu bestätigen, denn während meiner Recherche ist mir nur ein einziger Fall untergekommen, bei dem

---

[202] Pollard, *Sex and Violence*, S.7.
[203] Vgl.: Kimberly M. Thompson und Fumie Yokota, "Violence, Sex, and Profanity in Films: Correlation of Movie Ratings With Content", auf: *Medscape News Today* (Web: www.medscape.com, 12.07.2004).

eine gewalthaltige Szene zensiert wurde. Dieser Zensurfall ist in der frühen Episode „An Elephant makes love to a Pig" zu finden. In dieser Folge wird Stan von seiner größeren Schwester Shelly terrorisiert und permanent verprügelt. Dabei wurde eine Szene entfernt, in der Shelly ihren Bruder mit einem Streichholz in Brand setzt.[204] Gleichzeitig kommen in dieser Episode jedoch viele andere Gewalttaten vor, die nicht zensiert werden mussten. So traktiert Shelly ihren kleinen Bruder z.B. mit einem Rasenmäher (siehe Abbildung 10)[205], was wohl nicht minder lebensbedrohlich ist. Doch wie kommt es, dass gerade die Streichholz-Aktion für Bedenken gesorgt hat und letztendlich sogar zu einer Zensur geführt hat?

Abbildung 10: Shelly traktiert Stan mit
einem Rasenmäher - unzensiert.

Der Grund dafür dürfte wohl erneut in den *Standards & Practices* zu finden sein. „Never show acts, that a child could immitate" – Diese Regel führt der Kunsthistoriker Carl F. Cohen als eine der wichtigsten Richtlinien an, die bei sehr vielen TV-Sendern angewendet wird.[206] Dies gilt vor allem im Cartoon-Bereich, wo durch die Verniedlichung und Verharmlosung gefährlicher Aktionen auch die Auswirkung von Gewalt abgeschwächt wird und somit für Kinder harmloser aussieht, als sie tatsächlich ist. Linda Simensky, Mitarbeiterin des Kindersenders Nickelodeon, verdeutlicht diese Regel mit folgendem Beispiel: Ein Clown, der mit Messern jongliert, ist problematischer als ein Clown, der mit wesentlich gefährlicheren Kettensägen hantiert. Der Grund dafür ist relativ simpel: Für Kinder

---

[204] Vgl.: Stef McDonald, "25 shocking Secrets you need to know about South Park", S.24. In: *TV Guide, Nov. 28-Dec. 4* (Lancaster: TV Guide Magazine, Nr. 28/1998], S.22-25.
[205] „An Elephant makes love to a Pig", TC 00:21:35. In: *South Park: Die Komplette Erste Season*, Disc 2 (DVD: Paramount Home Entertainment, 2007), [USA, 1997].
[206] Vgl.: Cohen, *Forbidden Animation*, S.147.

ist es ungleich schwieriger, die Aktion mit Kettensägen nachzuahmen als mit Messern.[207]

Dass solche Vorkehrungsmaßnahmen der Sender durchaus angebracht sind, zeigt sich an der Serie *Beavis und Butt-head*. 1994 wurde den Produzenten der Show vorgeworfen, indirekt für zwei fatale Unfälle verantwortlich zu sein: Zum Einen hat ein 5-jähriger das Haus seiner Mutter in Brand gesetzt, wodurch seine 2-jährige Schwester ums Leben gekommen ist. Zum Anderen wurde eine 8-jährige bei einem Autounfall getötet, nachdem eine Bowlingkugel von einer Autobahnüberführung geworfen wurde. Beide Szenen kamen in mehr oder weniger veränderter Form auch bei *Beavis und Butt-head* vor. Aus diesem Grund wurden die realen Vorfälle letztendlich auch mit der Serie in Verbindung gebracht.[208] Die Konsequenz war, dass der verantwortliche Sender MTV am Anfang jeder Episode eine Warnung eingebaut hat, die vor jeglicher Nachahmung abraten sollte:

> Beavis and Butt-head are not role models. They're not even human, they're cartoons. Some of the things they do could cause a person to get hurt, expelled, arrested… possibly deported. To put it another way, don't try this at home.[209]

Somit dürfte wohl auch der eingangs erwähnte Zensurfall bei *South Park* durch die Regel bestimmt worden sein, dass man keinen Gewaltakt zeigen darf, der von Kindern relativ leicht nachgestellt werden könnte. Und es ist wohl tatsächlich wahrscheinlicher, dass ein Kind mit einem Streichholz spielt und dabei zufällig jemanden in Brand setzt, als dass es mit einem Rasenmäher spielt und dabei zufällig über eine andere Person überfährt. Dennoch stellt dieser frühe Zensurfall zum Thema Gewalt die absolute Ausnahme bei *South Park* dar. Vielmehr zeigt sich bei der Serie sehr schön, dass im amerikanischen Fernsehen gewalthaltige Darstellungen tatsächlich nur eine untergeordnete Rolle beim Thema Jugendschutz spielen. Die folgenden Beispiele sollen verdeutlichen, wie brutal und explizit die Serie stellenweise ist – und trotzdem, oder gerade deswegen, unzensiert ausgestrahlt werden durfte.

---

[207] Vgl.: Cohen, *Forbidden Animation*, S.132.
[208] William J. Savage, „So Television's Responsible! Oppositionality and the Interpretive Logic of Satire and Censorship in The Simpsons and South Park.", S.206. In: John Alberti, Leaving Springfield: The Simpsons and the Possibility of Oppositional Culture (Detroit: Wayne State Univ. Press , 2004), S.197 – 224.
[209] Weinstock, "Simpsons did it'", S.85f.

Ein gutes Beispiel liefert die bereits erwähnte Episode „Good Times with Weapons". Hier spielen die Kinder mit Ninja-Waffen, die sie relativ problemlos im Fachhandel erstanden haben. Natürlich geht die Aktion schief und ein Wurfstern verletzt Butters schwer am Auge (siehe Abbildung 11)[210]. Doch anstatt Butters zu helfen, machen sich die Kinder mehr Gedanken darüber, wie sie die Aktion vor ihren Eltern verheimlichen können. Letztendlich werden sie zwar erwischt, aber die Eltern und Einwohner von South Park sind mehr über Erics öffentlich gezeigte Nacktheit erbost als über das gefährliche und verantwortungslose Spiel mit den Waffen.

Abbildung 11: Butters wird von einem Wurfstern verletzt.

Abbildung 12: Kyle tötet Jesus, indem er ihm die Kehle aufschlitzt.

Nicht minder brutal ist auch die folgende Szene aus der Episode „Fantastic Easter Special". Hier versuchen die Kinder zusammen mit Jesus das Osterfest und die katholische Kirche zu retten. Da Kyle und Jesus allerdings in den Kerker gesperrt werden, bleibt ihnen nur ein Ausweg: Kyle muss Jesus umbringen, damit dieser vor dem Gefängnis wieder auferstehen und flüchten kann. Natürlich hat Kyle aufgrund seines jüdischen Glaubens massive Bedenken dagegen, immerhin wird das Judentum seit Jahrhunderten für die Ermordung von Jesus verantwortlich gemacht. Letztendlich lässt er sich aber dennoch überreden und sticht dem Sohn Gottes mit einer spitzen Feile in den Hals, woraufhin dieser in einer langen Einstellung, heftig mit dem Tod ringend, verblutet (siehe Abbildung 12)[211].

Den Höhepunkt an Gewaltdarstellungen findet die Serie meiner Meinung nach in der Tripple-Episode „Imaginationland", in der die Fantasie der Menschen von Terroristen und bösen Monstern angegriffen wird. Dabei werden viele der

---

[210] „Good Times with Weapons", DVD, TC 00:08:33.
[211] "Fantastic Easter Special", DVD, TC 00:19:00.

liebenswürdigen Fantasiefiguren bestialisch umgebracht. So wird unter anderem ein niedliches Glücksbärchen zunächst per Kopfschuss von einem Terroristen hingerichtet, ehe dessen abgetrennter Kopf in die Kamera gehalten wird (siehe Abbildung 13)[212].

Abbildung 13: Terroristen töten ein Glücksbärchen und enthaupten es.

All diese Szenen sind nur ein kleiner Ausschnitt dessen, wie brutal und gewalttätig die Serie *South Park* stellenweise ist. Dass mir im Zuge meiner Recherchen in den ersten 13 Staffeln aber dennoch nur ein einziger Fall untergekommen ist, bei dem Gewalt zensiert wurde, bestätigt somit also nur die Aussage von Mark Harris: „Almost any sex is worse than almost all violence."[213]

---

[212] "Imaginationland", TC 00:12:55. In: *South Park: Die Komplette Elfte Season*, Disc 3 (DVD: Paramount Home Entertainment, 2009), [USA, 2007].
[213] Harris, "NC-17: Fatally Flawed", Web.

4.5 Zwischenresümee

Welchen Einfluss hat die gesetzliche Ebene nun tatsächlich auf die Serie *South Park*? Es hat sich gezeigt, dass es im Zuge des Jugendschutzes einige inhaltliche Schranken gibt, die vor allem sexuelle Inhalte und vulgäre Ausdrücke unterbinden sollen. Gewalt spielt beim Thema Jugendschutz dagegen nur eine untergeordnete Rolle. Somit spiegeln die gesetzlichen Bestimmungen also durchaus jene gesellschaftlichen Moralvorstellungen wider, die der US-Bevölkerung immer wieder nachsagt werden. Wie sich jedoch herausgestellt hat, muss sich Comedy Central als Kabelsender nur bedingt an diese Jugendschutzvorgaben halten. Dennoch gibt es bei *South Park* vor allem bei vulgären Schimpfwörtern offensichtliche Zensurmaßnahmen. Auch sexuelle Themen werden gelegentlich unterdrückt, wenn auch nicht konsequent und systematisch. Bei gewalthaltigen Darstellungen scheinen der Serie jedoch kaum Grenzen gesetzt zu sein. Im Grunde handelt es sich bei allen vorgenommenen Eingriffen jedoch um Selbstzensurmaßnahmen des Senders, die durch die interne Abteilung der *Standards & Practices* bestimmt werden. Aber ist es nur Zufall, dass sich die vorgefundenen Zensurfälle auch in den gesetzlichen Bestimmungen wiederfinden?

Vermutlich nicht. Denn wie wir bereits wissen, spielen bei den Senderrichtlinien die unterschiedlichsten Faktoren eine wichtige Rolle und es ist deshalb nicht unwahrscheinlich, dass dabei auch die gesetzlichen Vorgaben berücksichtigt werden. So beschreibt auch Scott Blackmer, dass bei den US-Kabelsendern eine gewisse Angst zu erkennen sei, die darauf beruht, dass es aufgrund von Beschwerden zu Präzedenzfällen und infolgedessen zu verschärften gesetzlichen Bestimmungen im Kabelbereich kommen könnte.[214] Somit lässt es sich zum Teil auch erklären, warum sich manche Kabelsender freiwillig dazu entschließen, ihr Programm *präventiv* an die wenigen inhaltlichen Vorgaben der *FCC* anzupassen.

Einen nicht unerheblichen Einfluss auf die Richtlinien der *Standards & Practices* dürfte jedoch auch die Werbewirtschaft haben. Denn Skandale, die durch eine Sendung verursacht werden, könnten dem Image und den Verkaufszahlen der Werbekunden schaden und in weiterer Folge zu Werbeeinbußen des Senders führen. So betont auch Trey Parker, dass es vor allem die Werbepartner sind, die

---

[214] Vgl.: Blackmer, "Telekommunikations- und Medienrecht in den USA", S.136f.

ein entscheidendes Mitspracherecht bei den Inhalten der Show haben: „Cable can honestly do whatever it wants as long as its advertisers say okay. It's not controlled by FCC guidelines like the networks are."[215] Letztendlich orientiert sich aber auch die Werbeindustrie bei ihren Vorgaben in erster Linie an den gesellschaftlichen Moralvorstellungen, die sich ihrerseits in den gesetzlichen Bestimmungen widerspiegeln. Oder anders ausgedrückt: Die Gesellschaft nimmt Einfluss auf die Gesetze, die in weiterer Folge die Werbeindustrie und die Medienlandschaft prägen, die wiederum die Gesellschaft beeinflussen. An solchen Überlegungen zeigt sich letztendlich auch, wie komplex und verschachtelt Zensurvorgänge sein können und wie schwer es ist, die tatsächlichen Gründe für Zensurmaßnahmen ausfindig zu machen.

---

[215] Trey Parker, "Your questions answered by Matt and Trey: Posted on August 16, 2001", auf: *South Park Studios* (Web: www.southparkstudios.com, 16.08.2001).

5 *South Park* vs. Religion

> There is a place in this world for satire, but there is a time when
> satire ends and intolerance and bigotry toward religious beliefs of
> others begins. [...] I cannot support a show that disrespects those
> beliefs and practices. [216]

(Isaac Hayes, ehemaliger Synchronsprecher bei *South Park*)

Kommen wir nun zu jener Zensurebene, die diesen Begriff, so wie wir ihn heute kennen, entscheidend geprägt hat und als Paradebeispiel der „organisierten Gruppenzensur", wie sie in der Zensurpyramide von Albig definiert wurde, angesehen werden kann: die religiöse Zensur. So hat sich nicht nur das bereits erwähnte *Index Librorum Prohibitorum* jahrhundertelang als Instrumentarium christlicher Bücherzensur bewährt, religiöse Unterdrückungsmechanismen lassen sich durchaus auch in den Zehn Geboten erkennen, die als kirchliche „Gesetze" bis weit ins 18. und 19. Jahrhundert überwacht und bei Verstößen rigoros bestraft wurden. So findet sich z.b. das Gebot „Du sollst den Namen des Herren, deines Gottes, nicht missbrauchen"[217] als Gotteslästerungsparagraph auch heute noch in vielen gesetzlichen Statuten wieder und ein Verstoß wurde jahrhundertelang streng bestraft. Der *Codex juris Bavarici criminalis* von 1751 etwa regelte, dass Gotteslästerungen und abwertende Äußerungen gegenüber der Kirche mit dem Tod bestraft werden sollten.[218]

Auch heute noch ist die Verteidigung der religiösen Werte in vielen Ländern eine staatspolitische Angelegenheit. So wurde erst 2009 in Irland ein Gesetz verabschiedet, das bei Gotteslästerung oder Veröffentlichung von blasphemischem Material eine Geldstrafe von bis zu 25.000€ vorsieht.[219] Kurt Tucholsky, selbst des Öfteren wegen Gotteslästerungen vor Gericht, erkannte in solchen Maßnahmen nicht nur die Aufrechterhaltung und Absicherung von

---

[216] Ohne Autor, "Isaac Hayes Leaves 'South Park': Cites Religious Reasons", S. 34f. In: *JET, Vol. 109, No. 13* (Boulder: Johnson Publishing Company, 03.04.2006), S.34f.
[217] *Die Bibel*, 2. Buch Mose 20:1-17, Lutherbibel Standardausgabe.
[218] Vgl.: Martin Budich, "Gotteslästerung: Vom Ausschneiden der Zunge bis zur Selbstzensur. Zur Geschichte eines 'Frevels'", S.11. In: Clara Reinsdorf und Paul Reinsdorf (Hg.), *Zensur im Namen des Herrn: Zur Anatomie des Gotteslästerungsparagraphen* (Aschaffenburg: Alibir, 1997), S.11-24.
[219] Carsten Volkery, "Ungläubiges Staunen über Gesetz gegen Gotteslästerung", auf: *Spiegel Online* (Web: www.spiegel.de, 16.07.2009).

Religionsgemeinschaften, sondern vor allem von der politisch-konservativen Klasse:

> Gotteslästerungsprozesse in der deutschen Rechtssprechung haben nicht nur einen lächerlichen, sondern auch einen bösen politischen Aspekt. Der Eindruck ist jedesmal derselbe: In diesen Prozessen soll der ‚umstürzlerische, zersetzende Geist dieser Zeit' getroffen werden, womit, von dem Blickpunkt der Urteilenden aus, zunächst jeder Geist und dann eine politische Richtung gemeint ist, die ihrer Kaste unangenehm ist.[220]

Das Verhältnis zwischen Religion, Staat und Politik war auch Thema bei der Venedig-Konferenz 2009. Im Mittelpunkt stand dabei die Frage, ob religionskritische Äußerungen juristisch verfolgt werden sollen und dadurch eine gesetzlich abgesicherte Meinungsäußerungsfreiheit eingeschränkt werden darf. Dabei kam man zum Ergebnis, dass Äußerungen, die zu Hass und Gewalt gegen religiöse Gruppen aufstacheln, ins Strafgesetz aufgenommen werden sollten. Gleichzeitig wurde jedoch auch betont, dass Gesetze, bei denen die Meinungsfreiheit zugunsten einer „Verletzung religiöser Gefühle" eingeschränkt wird, nicht wünschenswert sind und nach Ansicht der Kommission abgeschafft werden sollten. Außerdem sprach sich der Ausschuss dafür aus, dass in einer freien Gesellschaft generell kein Thema tabuisiert und unterdrückt werden dürfe:[221]

> The level of tolerance [...] of anyone who would feel offended by the legitimate exercise of the right to freedom of expression, should be raised. A democracy must not fear debate, even on the most shocking or anti-democratic ideas. [...] Persuasion, as opposed to ban or repression, is the most democratic means of preserving fundamental values.[222]

Das Ergebnis der Venedig-Konferenz erinnert in gewisser Weise an die Bestimmungen, die in der amerikanischen Verordnung fest verankert sind. Dort finden blasphemische Äußerungen und kritische Stimmen gegen Religionen kaum rechtlichen Schutz. So wird durch das *First Amendment* garantiert, dass es in den Vereinigten Staaten kein Gesetz geben darf, das eine Religion schützt, wenn dadurch gleichzeitig die Meinungsfreiheit eingeschränkt wird.[223] Dennoch gab es in den USA auf Bundesstaatsebene immer wieder Gesetze, die gegen diesen

---

[220] Kurt Tucholsky, "Der liebe Gott in Kassel", S.542. In: *Kurt Tucholsky: Gesammelte Werke in zehn Bänden, Band 4* (Reinbek bei Hamburg: Rowohlt, 1975), S.540-543.
[221] Vgl.: European Commission for Democracy through Law (Hg.), *Science and Technique of Democracy No. 47: Blasphemy, insult and hatred. Finding answers in a democratic society* (Strassburg: Council of Europe Publishing, 2010), S.32f
[222] Ebenda, S.33
[223] Vgl.: Burkhard J. Berkmann, *Von der Blasphemie zur 'hate speech'? Die Wiederkehr der Religionsdelikte in einer religiös pluralen Welt* (Berlin: Frank & Timme, 2009), S.30f.

Grundsatz verstoßen haben. So wurde in Maryland 1879 folgendes Blasphemiegesetz erlassen:

> If any person, by writing or speaking, shall blaspheme or curse God, or shall write or utter any profane words concerning our Saviour, Jesus Christ, or the Trinity, or any of the persons thereof, he shall, on conviction, be fined not more than one hundred dollars, or imprisoned not more than six months, or both fined and imprisoned as aforesaid, at the discretion of the court.[224]

Erst 1972, also fast 100 Jahre später, wurde dieser Passus für verfassungswidrig erklärt.[225] Demzufolge finden religionskritische und blasphemische Äußerungen in den USA auf gesetzlicher Ebene also durchaus Rückendeckung. Etwas anders, aber mit ähnlichen Tendenzen, verhält sich die Situation in Deutschland. Zwar hat auch hier die freie Meinungsäußerung einen sehr hohen Stellenwert und prinzipiell dürfen keine medialen Inhalte von vornherein ausgeschlossen werden, dennoch gibt es mit dem §166 nach wie vor einen reinen „Gotteslästerungsparagraphen".[226] 1870 wurde dieser Paragraph ins Strafgesetzbuch des Norddeutschen Bunds aufgenommen. Dabei drohte jenen Personen 3 Jahre Gefängnis, die „öffentlich in beschimpfenden Äußerungen Gott lästern" bzw. „eine der christlichen Kirchen oder eine andere bestehende Religionsgesellschaft oder ihre Einrichtungen oder Gebräuche beschimpfen." Erst 1969 wurde dieser Paragraph dahingehend geändert, dass nur noch jene Äußerungen bestraft werden, die „geeignet sind, den öffentlichen Frieden zu stören".[227] Solange eine religionskritische Aussage also nicht zu öffentlicher Aufruhr, Protesten oder gar gewalttätigen Übergriffen führt, ist sie in Deutschland nicht Sache des Rechtsstaates. Obwohl dieser Passus nach wie vor gültig ist, kommt er nur selten zur Anwendung: So gehen pro Jahr etwa 30 Beschwerden bei der Justizbehörde ein, von denen allerdings nur wenige zu einer Anklageerhebung, geschweige denn einer Verurteilung führen.[228]

Es sieht also fast so aus, als wäre in säkularisierten westlichen Staatsgefügen die Trennung zwischen Staat und Kirche tatsächlich schon so weit fortgeschritten, dass religiös motivierte Unterdrückungsmechanismen nur noch eine geringe

---

[224] "Revised Code of the Public General Laws, 1879", Auf: *Archives of Maryland Online* (Web: www.msa.md.gov, 2009), Volume 388, Page 824.
[225] Gordon Stein (Hg.), *The Encyclopedia of Unbelief* (Amherst, NY: Prometheus Books, 1985), S.61 ="Blasphemy Laws".
[226] Vgl.: Berkmann, *Von der Blasphemie zur 'hate speech'*, S.20f.
[227] Vgl.: Budich, „Gotteslästerung", S.17.
[228] Vgl.: Roland Seim, "Kirche - Kunst - Kontrolle: Eine unheilige Trinität", S.49. In: Clara Reinsdorf und Paul Reinsdorf (Hg.), *Zensur im Namen des Herrn: Zur Anatomie des Gotteslästerungsparagraphen* (Aschaffenburg: Alibri Verlag, 1997), S.25-66.

gesetzliche Unterstützung finden. Dennoch sind religiöse Glaubensgemeinschaften nach wie vor bestrebt, religionskritische Inhalte zu unterdrücken. So stellt der Filmhistoriker Tom Pollard fest, dass religiöse Gruppen und Organisationen, sogenannte *Pressure Groups*, in den letzten Jahrzehnten vor allem durch öffentliche Proteste und geschicktes Lobbying ihre Interessen durchsetzen konnten. Pollard spricht dabei von einer „new era dominated by a code advocated by evangelicals and conservative Christians and Jews". Die Bestrebungen dieser religiösen Gruppen, durch die bestimmte Themen forciert und andere unterdrückt werden sollen, fasst er unter dem Begriff „evangelical code" zusammen. Kritische Themen sind unter anderem die negative Darstellung des religiösen Glaubens, liberale Politik, Säkularismus, sexuelle Freizügigkeit, profane Ausdrücke und Gewalt – wobei Pollard vor allem der christlich-konservativen Seite eine größere Toleranz gegenüber Gewalt zuspricht.[229] Dass die Forderungen dieser Pressure Groups bei den Medienunternehmen durchaus Gehör finden, wird auch von Pollard explizit hervorgehoben: „In fact, the ‚evangelical code' emerges as one of the most potent unofficial Production Codes in motion pictures history".[230]

Auch *South Park* stand im Laufe der Jahre immer wieder in der Schusslinie solcher Pressure Groups. So z.B. durch die *Catholic League for Religious and Civil Rights*, der es im Dezember 2005 gelang, die Ausstrahlung der Episode „Bloody Mary", die eine wenig schmeichelhafte Darstellung von Papst Benedikt XVI beinhaltet, für einige Monate zu verhindern.[231] Auf ihrer Internet-Seite brüstet sich die *Catholic League* mit ihrer erfolgreichen Lobby-Arbeit, bei der Joseph A. Califano, ein ranghohes Mitglied des Viacom-Aufsichtsrates, davon überzeugt werden konnte, ein vorübergehendes Wiederholungsverbot der Episode zu veranlassen.[232] Man sollte dadurch aber keinesfalls zum Schluss gelangen, dass solche Maßnahmen bei *South Park* zur Regel gehören. Vielmehr geben Stone und

---

[229] Vgl.: Pollard, *Sex and Violence*, S.159ff.
[230] Vgl.: Pollard, *Sex and Violence*, S.151.
[231] Vgl.: „Bloody Mary",TC 00:04:50 (Tonspur: Audio-Kommentar). In: *South Park: Die Komplette Neunte Season,* Disc 3 (DVD: Paramount Home Entertainment, 2008), [USA, 2005]. Dabei gibt Matt Stone an, dass diese Maßnahme vom Mutterkonzern Viacom angeordnet wurde, nachdem sich Katholiken bei einem dortigen Direktionsmitglied beschwert hatten.
[232] Vgl.: "Vile 'South Park' Episode Pulled", auf: *Catholic League For Religious And Civil Rights* (Web: www.catholicleague.org, Januar 2006).

Parker an, dass dieser Eingriff der erste religiös motivierte Zensurfall der Serie überhaupt war:

> That was the first episode that a Catholic group got really upset about, and Comedy Central pulled it [from the rerun schedule]. We were like, ‚Wow, that's never happened.“[233]

Es sollte jedoch nicht der letzte Fall bleiben, bei dem sich die Verantwortlichen mit solchen Pressure Groups auseinandersetzen mussten. Vielmehr war er ein erster Vorbote jener religiös motivierten, organisierten Gruppenzensur, die im Jahr 2010, just zum Jubiläum der 200ten *South Park*-Episode, ihren vorläufigen Höhepunkt fand. Die Entwicklungen rund um diesen sehr interessanten Zensurfall bezeichne ich als den „Fall Mohammed".

---

[233] Nick Gillespie und Jesse Walker, "South Park Libertarians: Trey Parker and Matt Stone on liberals, conservatives, censorship, and religion", S.63. In: *Reason: Free Minds and Free Markets* (Los Angeles: Reason Foundation, Nr. 38.7/Dezember 2006), S.58–69.

5.1 Der Fall Mohammed - Die Entstehung eines medialen Tabus

> Something that was OK is now not OK, and that's just fucked up.
> (Matt Stone, 2010) [234]

Im Fall Mohammed spiegelt sich ein gesellschaftlicher Entwicklungsprozess des 21. Jahrhunderts wider, bei dem sich die Entstehung eines neuen religiösen Tabus in der westlichen Welt nachverfolgen lässt. Im Fokus steht dabei das in weiten Teilen des Islams gültige Abbildungsverbot Mohammeds, das den Gläubigen untersagt, den muslimischen Propheten bildlich darzustellen. Bei *South Park* werden nicht nur die Geschehnisse reflektiert, die zur Etablierung dieses Abbildungsverbots in Europa und den USA beigetragen haben, sondern die Produzenten wurden im Laufe der Jahre selbst Opfer dieses Tabus. Als Ausgangspunkt dient zunächst die Episode „The Super Best Friends" aus dem Jahr 2001, in der weder die sich anbahnende gesellschaftliche Veränderung noch das Abbildungsverbot Mohammeds spürbar ist. Nur wenige Monate nach der Erstausstrahlung dieser Episode kam es zu den Terroranschlägen vom 11. September 2001, welche die westliche Welt und deren kritische Beziehung zum Islam nachhaltig geprägt haben. In der Folge wurde dieses Spannungsverhältnis durch eine Vielzahl weiterer Vorfälle zusätzlich verstärkt. Dazu zählen auch die Kontroversen, die sich rund um den *Karikaturenstreit* gebildet haben. Die dort vorgefallenen Ereignisse sind wichtig, um auch die weiteren Entwicklungen bei *South Park* besser nachvollziehen zu können. Konkret handelt es sich dabei um die beiden Doppelfolgen „Cartoon Wars" aus dem Jahr 2006 sowie „200" bzw. „201" aus dem Jahr 2010. In diesen Episoden offenbart sich letztendlich, wie sich die gesellschaftlichen und medialen Grenzen im Laufe der Zeit verschoben und letztendlich zu einer weitreichenden Zensur geführt haben. Und so lässt sich auch das Eingangszitat von Matt Stone deuten, mit dem er den Entwicklungsprozess des Tabuthemas Mohammed auf den Punkt bringt: „Something that was OK is now not OK, and that's just fucked up."

---

[234] Tim Edwards, "Muslims warn South Park after Mohammed joke", auf: *The Week with the First Post* (Web: www.theweek.co.uk, 21.04.2010).

5.1.1 Erster Akt: Aus einer Zeit, ohne Mohammed-Tabu

Wir schreiben das Jahr 2001. *South Park* befindet sich mittlerweile in der 5. Staffel und hat ihr anfängliches Image der infantilen und auf Fäkalhumor abzielenden Zeichentrickserie längst abgelegt. Die große Fangemeinschaft der Serie erfreut sich besonders am gesellschaftskritischen und tabulosen Humor, der sich auch bei religiösen Themen kein Blatt vor den Mund nimmt. In dieser Tradition ist auch die Episode „The Super Best Friends" zu sehen, die am 4. Juli 2001 zum ersten Mal ausgestrahlt wurde. Wir befinden uns also in einer Zeit, in der die Anschläge vom 11. September noch nicht die Weltordnung erschüttert haben, aber unmittelbar bevor stehen. Diese Grundprämisse sollte man bei der Analyse der Folge unbedingt im Hinterkopf behalten.

In der Episode kämpft Jesus gegen die üblen Machenschaften der religiösen Sekte Blaintology. Unterstützung findet er dabei von seinen „Superbesten Freunden" – hierbei handelt es sich um eine Organisation, die aus Gottheiten und Propheten besteht. Dazu gehören Buddha, Krishna, Moses, der Mormonen-Prophet Joseph Smith, Lao-Tse, der Begründer des Taoismus, sowie der muslimische Prophet Mohammed. Mit vereinten Kräften gelingt es ihnen, die Bedrohung durch die Sekte abzuwehren.[235] Für den Fall Mohammed ist der Inhalt der Episode sekundär, vielmehr ist diese Folge deshalb interessant und wichtig, weil der muslimische Prophet unzensiert dargestellt werden durfte. Für die damalige Zeit war das allerdings auch nicht allzu ungewöhnlich, denn das Abbildungsverbot, das in weiten Teilen des islamischen Glaubens gültig ist, hatte in der westlichen Welt noch keine allzu große mediale Relevanz. Erst durch die Ereignisse rund um den *Karikaturenstreit*, auf den ich gleich eingehen werde, entwickelten Produzenten und Medienunternehmen eine gewisse Sensibilität, ja fast schon Übervorsichtigkeit bezüglich einer solchen Abbildung. Da es jedoch die einzige Episode bei *South Park* bleiben sollte, in der Mohammed unzensiert gezeigt werden durfte, ist es durchaus interessant, einen kurzen Blick auf dessen Darstellung zu werfen: Die dunkle Hautfarbe, der Dreitagebart und sein Akzent kennzeichnen seine arabische Abstammung, auch der Kleidungsstil fällt mit Sandalen, Turban und einem gelb-bräunlichen Beduinenmantel zwar stereotyp,

---

[235] Vgl.: „The Super Best Friends", in: *South Park: Die Komplette Fünfte Season*, Disc 1 (DVD: Paramount Home Entertainment, 2007), [USA, 2001].

aber alles andere als böswillig aus (siehe Abbildung 14)[236]. Insgesamt gesehen also ein durchaus realistisches Bild von Mohammed, das ihm – gemessen am Zeichenstil von *South Park* – sogar ein recht freundliches Äußeres verleiht. Lange Zeit war die Ausstrahlung dieser Episode überhaupt kein Problem. Selbst nach dem Karikaturenstreit 2006 und der Doppelepisode „*Cartoon Wars*", in der Mohammed nur hinter einem schwarzen Balken vermutet werden konnte, war dieser erste Teil der Mohammed-Trilogie zumindest online problemlos und unzensiert bis ins Jahr 2010 verfügbar. Erst nach den Ereignissen rund um die Doppelfolge „200" und „201" wurde auch der Online-Stream dieser Episode auf dem offiziellen Online-Portal von *South Park* unterbunden. Stattdessen wird man seitdem mit einer knappen Entschuldigung abgespeist: „Wir entschuldigen uns, dass *South Park* diese Folge nicht zeigen kann!".[237]

Abbildung 14: Der muslimische Prophet Mohammed in
der Episode "The Super Best Friends"

Nur wenige Monate nachdem die „The Super Best Friends" Episode zum ersten Mal ausgestrahlt wurde, erschütterten die Terroranschläge vom 11. September 2001 die Welt. In den USA und in Europa manifestierte sich in der Folge ein kritisches Bewusstsein gegenüber Muslimen und der islamischen Glaubensrichtung. Diese Entwicklung spiegelt sich auch im Karikaturenstreit wider, der 2006 zu heftigen Protesten und Ausschreitungen geführt hat. Die

---

[236] „The Super Best Friends", DVD, TC 00:12:25.
[237] "Die Liga der Super Besten Freunde", auf: *South Park Deutschland* (Web: www.southpark.de, ohne Datum), Zugriff: 07.10.2011. Auch auf der US-Plattform kann die Episode nicht abgespielt werden: "Super Best Friend", auf: *South Park Studios* (Web: www.southparkstudios.com, ohne Datum), Zugriff: 07.10.2011.

Kontroversen und Debatten, die rund um den Karikaturenstreit entstanden sind, waren auch der unmittelbare Grund dafür, warum sich die Verantwortlichen von Comedy Central bei der Doppelfolge „Cartoon Wars" zu einer Zensurmaßnahme entschlossen haben. Grund genug, sich etwas genauer mit den Ereignissen des Karikaturenstreits zu beschäftigen und somit ein besseres Verständnis für die spätere Entwicklung bei *South Park* zu erlangen.

5.1.2 Intermezzo: Der Karikaturenstreit

Ausgangspunkt für den Karikaturenstreit bildet der 30. September 2005, als in der dänischen Tageszeitung *Jyllands-Posten* zwölf Karikaturen unter dem Titel „Mohammeds Angesicht" (Original: „Mohammeds Ansigt") veröffentlicht wurden. Kommentiert und begründet wurde diese Aktion mit einem Text, in dem die steigende Selbstzensur bei islamkritischen Inhalten problematisiert wurde, die in den Augen der zuständigen Redakteure in einem modernen und säkularisierten Land wie Dänemark eigentlich unzulässig sein sollte.[238] In den ersten Tagen und Wochen nach der Veröffentlichung blieben größere Reaktionen auf die Abbildungen weitestgehend aus. Erst als im November und Dezember 2005 mehrere dänische Imame im Nahen Osten gegen die Karikaturen der *Jyllands-Posten* wetterten, flammten erste Demonstrationen und Proteste auf.[239] Kurz darauf fanden die Konflikte im Februar 2006 ihren Höhepunkt: In vielen islamischen Ländern kam es zu heftigen und gewalttätigen Ausschreitungen, bei denen christliche Viertel und europäische Botschaften – darunter auch die österreichische Botschaft in Teheran – angegriffen und in Brand gesetzt wurden. Dabei kamen dutzende Menschen ums Leben und Hunderte wurden verletzt. Erst im März 2006 glätteten sich die Wogen langsam wieder.[240]

Wie aber lässt es sich erklären, dass zwölf Karikaturen, die in einem kleinen Land wie Dänemark veröffentlicht wurden, zu solch heftigen Reaktionen führen konnten? Rosiny nennt als Begründung für die Konflikte zwei Ebenen: Den unmittelbaren Auslöser sieht er in der Abbildung des Propheten Mohammeds und

---

[238] Vgl.: Flemming Rose, "Why I Published Those Cartoons", auf: *The Washington Post* (Web: www.washingtonpost.com, 19.02.2006).
[239] Vgl.: Urs Meier, "Meinungsfreiheit hat Vorrang: Geschürte Konflikte und falsche Diskussionen um die Mohammed-Karikaturen", S.30. In: Bernhard Debatin, Der Karikaturenstreit und die Pressefreiheit: Wert- und Normenkonflikte in der globalen Medienkultur (Berlin: Lit-Verl., 2007), S.29-34.
[240] Vgl.: Bernhard Debatin, *Der Karikaturenstreit und die Pressefreiheit: Wert- und Normenkonflikte in der globalen Medienkultur* (Berlin: Lit-Verl., 2007), S.227-231.

der damit verbundenen Diffamierung des islamischen Glaubens. So wird in weiten Teilen des Islams die Beleidigung des Propheten sogar für schlimmer erachtet als die Beleidigung Gottes, weil Mohammed als Normalsterblicher nicht mehr vergeben kann.[241] Die tatsächliche Ursache vermutet Rosiny jedoch vielmehr in den immer größer werdenden politischen Spannungen zwischen der islamischen und der westlichen Welt. Das Verhältnis dieser beiden Kulturen wurde durch eine Reihe vorangegangener Ereignisse, in denen sich Muslime zunehmend als Kollektiv angegriffen und bedroht fühlten und „den Westen" dabei als ihr aggressives Gegenüber wahrgenommen haben, immer problematischer. So nennt Rosiny z.B. die Militärinterventionen und Besatzungen im Irak und Afghanistan, die Folterbilder von Abu Ghraib oder George W. Bushs Aufruf zum Kreuzzug gegen den islamistischen Terror als Ursachen dafür, dass immer mehr Muslime darin einen Glaubenskrieg des Westens gegen den Islam erkannten.[242] Die Karikaturen der *Jyllands-Posten* waren dahingehend also nur ein kleiner Tropfen, der das Fass aber endgültig zum Überlaufen gebracht hat. Der stellvertretende ägyptische Außenminister brachte es kurz nach den Ausschreitungen auf den Punkt: „Die Karikaturen reihen sich in die antiislamischen Kampagnen ein, die seit dem 11. September 2001 den Westen beherrschen."[243]

Die Ereignisse rund um den Karikaturenstreit lösten in Europa jedenfalls eine öffentlich und politisch geführte Grundsatzdebatte darüber aus, ob in einer modernen Gesellschaft die beiden Grundrechte der Meinungs- und Religionsfreiheit miteinander vereinbar sind.[244] Dabei wurde die Veröffentlichung der Karikaturen häufig kritisiert, weil sie aufgrund ihres provokativen Charakters die gesetzlichen und gesellschaftlichen Grenzen überschritten habe:

> Der nationalkonservativen Zeitung Jyllands-Posten ging es nicht um eine Demonstration des Rechts auf freie Meinungsäußerung, ein staatliches Verbot hatte sie nicht zu befürchten. Es ging ihr vielmehr darum zu ‚testen', wie weit man mit den Muslimen im eigenen Land gehen könne.[245]

---

[241] Vgl.: Berkmann, *Von der Blasphemie zur 'hate speech'*, S.68.
[242] Vgl.: Stephan Rosiny, "Der beleidigte Prophet: Religiöse und politische Hintergründe des Karikaturenstreits", S. 105ff. In: Bernhard Debatin, *Der Karikaturenstreit und die Pressefreiheit:Wert- und Normenkonflikte in der globalen Medienkultur* (Berlin: Lit-Verl., 2007), S.103-115.
[243] Dieter Bednarz, Manfred Ertel [u.a.], "Tage des Zorns", S.101. In: *Der Spiegel* (Hamburg: SPIEGEL-Verlag Rudolf Augstein, Ausgabe 6/2006), S.88-105.
[244] Vgl.: Debatin, *Der Karikaturenstreit und die Pressefreiheit*, S.17.
[245] Rosiny, „Der beleidigte Prophet", S.108.

Im Zuge der Ausschreitungen und der damit verbundenen Debatten haben sich viele Medienakteure in weiterer Folge oft dazu entschlossen, sich mit islamkritischen Äußerungen vermehrt zurückzuhalten. Denn obwohl sich die Ausschreitungen vorwiegend in den islamischen Ländern abgespielt haben, war man sich auch in Europa durchaus der Gefahren solcher Veröffentlichungen bewusst. So musste u.a. die Redaktion der *Jyllands-Posten* immer wieder wegen Bombendrohungen geräumt werden und die verantwortlichen Redakteure und Karikaturisten mussten zum Teil jahrelang unter Polizeischutz gestellt werden.[246] Zuletzt entkam Kurt Westergaard, einer der zwölf Karikaturisten, Anfang 2010 nur knapp einem geplanten Attentat.[247] Und so manifestierte sich im Zuge des Karikaturenstreits die Verunglimpfung des muslimischen Propheten Mohammed in den westlichen Ländern immer mehr zum Sinnbild für diesen Konflikt.[248] Die niederländische Menschenrechtlerin Aayan Hirsi Ali, die zusammen mit Theo van Gogh den islamkritischen Film *„Submission Part 1"* produziert hat, befürchtete im Karikaturenstreit unmittelbare Konsequenzen für eine freie Meinungsäußerung:

> Es könnte wie in den Niederlanden kommen. Schriftsteller, Journalisten und Künstler haben seit dem van-Gogh-Mord die Schere im Kopf. Jeder hat Angst, den Islam zu kritisieren.[249]

Auch Flemming Rose, der sich für die Veröffentlichung der Zeichnungen in der *Jyllands-Posten* verantwortlich zeichnete, rechtfertigte seine Aktion damit, dass er ein Statement für die Verteidigung der freien Meinungsäußerung abgeben wollte, die er in den omnipräsenten Unterdrückungsmechanismen des konservativ-islamischen Glaubens gefährdet sah:

> I commissioned the cartoons in response to several incidents of self-censorship in Europe caused by widening fears and feelings of intimidation in dealing with issues related to Islam. [...] Our goal was simply to push back self-imposed limits on expression that seemed to be closing in tighter.[250]

---

[246] Vgl.: Rose, "Why I Published Those Cartoons", Web. Zitat: "The newspaper has received 104 registered threats, 10 people have been arrested, cartoonists have been forced into hiding because of threats against their lives and Jyllands-Posten's headquarters have been evacuated several times due to bomb threats. This is hardly a climate for easing self-censorship."
[247] Vgl.: "Polizei vereitelt Anschlag auf Mohammed-Karikaturisten", auf: *Spiegel Online* (Web: www.spiegel.de, 02.01.2010).
[248] Vgl.: Rosiny, „Der beleidigte Prophet", S.112f.
[249] Dieter Bednarz, Manfred Ertel [u.a.], "Tage des Zorns", S.96.
[250] Rose, "Why I Published Those Cartoons", Web.

5.1.3 Zweiter Akt: Das Tabu weitet sich aus

Kurz nach dem Höhepunkt der Ausschreitungen, die im Zuge des Karikaturenstreits entstanden sind, reagierten auch Trey Parker und Matt Stone auf diese Ereignisse. In der Doppelfolge „Cartoon Wars", die am 5. und 12. April 2006 erstmals ausgestrahlt wurde, setzten sich die Produzenten mit der Frage auseinander, wie sich das Spannungsverhältnis zwischen Meinungsfreiheit und Religionsfreiheit vereinen lässt und welche Rolle dabei Gewaltandrohungen und Terrorismus spielen. Darüber hinaus geben die beiden Episoden ein äußerst aufschlussreiches Zeugnis darüber ab, welches Ausmaß das Tabu rund um die Abbildung Mohammeds im Medienbereich mittlerweile angenommen hat. Im Zentrum steht dabei die Frage: „Darf bzw. soll man Mohammed zeigen oder nicht?".

Der erste Teil dieser Doppelfolge beginnt damit, dass der Sender FOX in der Zeichentrickserie „Family Guy" den muslimischen Prophet Mohammed als Figur zeigen will. Stans Vater erklärt seinem Sohn die Problematik dahinter folgendermaßen:

> Mohammed is sacred to the Muslim people! Ever since those cartoons in Denmark, the rules have changed. Nobody shows an image of Mohammed any more.[251]

Die Tragweite dieses Tabus wird gleich darauf durch Nachrichtenberichte untermauert, in denen über heftige Proteste in islamischen Ländern und angekündigte Vergeltungsmaßnahmen gegenüber „Family Guy" berichtet wird. Aufgrund dieser Warnung entschließt sich der Sender FOX deshalb in letzter Sekunde dazu, die Abbildung von Mohammed zu zensieren und somit mögliche Gewalttaten zu vermeiden. Kyle, der die Massenpanik immer noch nicht wirklich nachvollziehen kann, wird überraschenderweise von Eric, der sonst vor keinem Tabu Halt macht, zurechtgewiesen:

> They just made fun of the religion of an entire group of people! [...] How would you feel, Kyle, if there was a cartoon on television that made fun of Jews all the time?[252]

---

[251] „Cartoon Wars, Part 1",TC 00:02:08 (Tonspur: Englisch). In: *South Park: Die Komplette Zehnte Season,* Disc 1 (DVD: Paramount Home Entertainment, 2009), [USA, 2006].
[252] "Cartoon Wars, Part 1", DVD, TC 00:05:30 (Tonspur: Englisch).

Kurz darauf wird in den Medien verlautbart, dass FOX beabsichtigt, in der kommenden Woche endgültig ein unzensiertes Bild von Mohammed zu zeigen. Durch diese Ankündigung kommt es erneut zu terroristischen Drohungen islamistischer Fundamentalisten. In weiterer Folge entsteht ein Disput zwischen Kyle und Eric, in der sich Kyle für die Meinungsfreiheit einsetzt, während Eric für die Achtung religiöser Gefühle plädiert.[253] Beide brechen daraufhin nach L.A. auf, um dort den TV-Sender FOX von ihren jeweiligen Ansichten zu überzeugen – Eric, der die Ausstrahlung der Episode verhindern will, und Kyle, der die unzensierte Ausstrahlung als Statement für die Meinungsfreiheit erreichen will.

An dieser Stelle endet die erste Episode dieses Zweiteilers und bringt neben einer Vorschau auf den zweiten Teil auch noch eine eindeutige Kampfansage an den eigenen TV-Sender von *South Park*: „Will the cartoon be allowed to appear uncensored? Will Television Executives fight for free speech? Or will Comedy Central puss out?"[254] Mit dieser Ankündigung wird dem Zuschauer klar gemacht, dass sich der Kampf um eine unzensierte Ausstrahlung Mohammeds nicht nur in der Episode abspielt, sondern dass zum Zeitpunkt der Erstausstrahlung tatsächlich noch geplant war, Mohammed in der zweiten Episode unzensiert auszustrahlen.[255] Gleichzeitig wird auch betont, dass die letztendliche Entscheidung darüber einzig und allein bei Comedy Central liegt. So hat Matt Stone die Debatten mit den Senderverantwortlichen, die in der Woche zwischen den beiden Episoden geführt wurden, folgendermaßen zusammengefasst: „That whole week we were trying to get Comedy Central to show Muhammad. And they pussed out."[256]

Der zweite Teil von „Cartoon Wars" beginnt zunächst mit einem kleinen Programmänderung – statt der Fortsetzung der vorangegangenen Episode wird ein fiktives „Terrance und Phillip" Special gezeigt. Auch in diesem wird Mohammed thematisiert und nur in zensierter Form ausgestrahlt. Daraufhin stellen die aufgebrachten Terrance und Phillip den Präsidenten des Senders CBC zur

---

[253] Der wahre Grund für Erics überraschende Verteidigung religiöser Gefühle ist jedoch, dass dieser die Serie „Family Guy" nicht ausstehen kann und seine moralischen Bedenken nur als Vorwand verwendet, damit die Serie komplett abgesetzt wird.
[254] "Cartoon Wars, Part 1", DVD, TC 00:21:43 (Tonspur: Englisch).
[255] Vgl.: Goldman, "South Park", Web.
[256] Gillespie und Walker, "South Park Libertarians", S.61.

Rede, der seinerseits die Problematik für die Medienunternehmen auf den Punkt bringt:

> You guys know the rules. Nobody can show the image of Mohammed any more. It's dangerous. [...] I'm not going to risk the lives of the people at this network.[257]

An diesem Punkt erfolgt der Schnitt zurück zu *South Park* und somit zur eigentlichen Fortsetzung der ersten Folge. Dort hat sich die Situation mittlerweile zugespitzt: Die Proteste in den muslimischen Ländern werden immer größer und Bin Laden hat angedroht, dass einer unzensierten Ausstrahlung von Mohammed umgehend terroristische Vergeltungsmaßnahmen folgen werden. Inzwischen ist Eric in L.A. angekommen und setzt sein manipulatives Talent sogleich dafür ein, um den Vorstand des Senders FOX davon zu überzeugen, dass die „Family Guy"-Episode nicht ausgestrahlt werden darf. Er gibt sich dabei als Opfer islamistischer Terroranschläge aus, dessen Vater in Dänemark eine Tageszeitung geführt habe, die durch die Veröffentlichung eines Mohammed-Bildes bombardiert wurde und vielen Menschen das Leben gekostet hätte. Mit dieser Taktik gelingt es ihm, den Vorstand von FOX einzuschüchtern und die volle Verantwortung in dessen Hände zu legen: „I just don't want to see people here at your studio getting hurt. Because that would be, of course, your responsibility."[258] Mittlerweile ist auch Kyle in L.A. angekommen und es kommt zur finalen Konfrontation zwischen Kyle, Eric und dem FOX-Präsidenten, in der alle nochmals ihre Pro- und Contra-Argumente vortragen. Kyle überzeugt dabei mit einer vielschichtigen Argumentation:

> Yes. People can get hurt. That's how terrorism works. But if you give in that, Doug, you're allowing terrorism to work. [...] If you censor out Mohammed, then soon you'll have to censor out more. If you don't show Mohammed, then you've made a distinction between what is okay to poke fun at and what isn't. Either it's all okay or none o fit is.[259]

Diese Rede bringt den Präsidenten von FOX letztendlich tatsächlich dazu, die Episode unzensiert auszustrahlen – von Comedy Central wurde die daraufhin folgende Abbildung Mohammeds jedoch zensiert und durch eine Texttafel ersetzt, doch dazu gleich mehr. Die Episode endet damit, dass es unmittelbar nach der Ausstrahlung zu den angekündigten Vergeltungsmaßnahmen der islamistischen

---

[257] „Cartoon Wars, Part 2",TC 00:02:08 (Tonspur: Englisch). In: *South Park: Die Komplette Zehnte Season,* Disc 1 (DVD: Paramount Home Entertainment, 2009), [USA, 2006].
[258] "Cartoon Wars, Part 2", DVD, TC 00:08:20 (Tonspur: Englisch).
[259] "Cartoon Wars, Part 2", DVD, TC 00:18:48 (Tonspur: Englisch).

Terroristen kommt, und zwar in Form eines kurzen Filmes, in dem Präsident Bush, Jesus und die amerikanische Bevölkerung verhöhnt und verspottet wird.

Wie man sieht, werden in der Doppelepisode „Cartoon Wars" die wichtigsten Kernelemente des Karikaturenstreits aufgegriffen: Die Tabuisierung islamkritischer Medienprodukte in der westlichen Welt, die sich jedoch gänzlich auf die Abbildung Mohammeds konzentriert und politische Hintergründe größtenteils vermissen lässt. Die heftigen Proteste und Reaktionen in den islamischen Ländern und die damit verbundene Angst in der westlichen Welt, dass es zu terroristischen Vergeltungsschlägen kommen könnte. Die Bedenken von Medienunternehmen, ob sie für die Verteidigung der Meinungsfreiheit tatsächlich ein Risiko eingehen wollen und sich dabei oftmals für eine Selbstzensur entscheiden. Und zu guter Letzt auch diejenigen, die sich von der geschürten Angst nicht einschüchtern lassen und den Kampf gegen die Tabuisierung bestimmter Themen aufnehmen – und genau zu solchen Kämpfern zählen sich auch Stone und Parker. So geben die beiden in einem Interview an, dass sie sich vehement für eine unzensierte Ausstrahlung der Episode eingesetzt haben und die Verantwortlichen des Senders auch auf die Tragweite ihrer Entscheidung aufmerksam gemacht haben:

> [...] what we said to them, was, 'This is *South Park,* and we rip on absolutely everyone in really horrible, terrible ways. And if you're saying that this is the one thing we can't do, because they're threatening violence, well, then, I guess that's what everyone should do. Then if the Catholics don't want us ripping on Jesus anymore, they should just threaten you with violence, and they'll get their way.' That's why it is such a slippery slope and such a dangerous path to go down.[260]

Den Produzenten ging es bei der angestrebten Darstellung von Mohammed nicht um eine islamkritische Auseinandersetzung, sondern einzig und allein um dessen Abbild: „We wanted to show Mohammed's image, but completely not offensive, just a guy standing there. [...] I was a hundred percent sure that Comedy Central would have let us do."[261] Allerdings war ihre Plädoyer für eine bedingungslose Meinungsfreiheit letztendlich erfolglos und konnte nicht verhindern, dass der Sender die Abbildung Mohammeds untersagt hat.

In den beiden Episoden gibt es insgesamt drei Versuche, um den islamischen Propheten darzustellen. Zwar sind letztendlich alle drei Szenen nur in zensierter

---

[260] Goldman, "South Park", Web.
[261] Goldman, "South Park", Web.

Form zu sehen, aber lediglich bei einer handelt es sich auch tatsächlich um eine reale Zensurmaßnahme des TV-Senders Comedy Central. Im ersten Teil von „Cartoon Wars" herrscht zunächst Panik darüber, dass der TV-Sender FOX den Propheten Mohammed in der Zeichentrickserie „Family Guy" als Charakter darstellen will. Kurz vor der Ausstrahlung entschließt sich der Sender jedoch für eine Zensur. In der betreffenden Szene lädt Peter Griffin, die Hauptfigur bei „Family Guy", den Propheten auf eine Tasse Tee ein (siehe Abbildung 15)[262]. Dabei wird Mohammed jedoch durch einen schwarzen Balken verdeckt, auf dem in roten Lettern und in mehrfacher Ausführung der Schriftzug „Image Censored By FOX" zu sehen ist. Dabei handelt es sich jedoch um keine reale Zensurmaßnahme, sondern sie dient einzig und allein dem dramaturgischen Aufbau der Episode. Dadurch soll dem Zuschauer verdeutlicht werden, welch großes Ausmaß das Abbildungstabu Mohammeds mittlerweile angenommen hat. Den gleichen Zweck verfolgt auch der zweite „Zensurfall", diesmal sollte Mohammed in der fiktiven Zeichentrickserie „Terrance & Phillip" gezeigt werden. Dabei reiten die beiden Protagonisten Terrance und Phillip über ihr Grundstück, treffen auf Mohammed und wechseln ein paar belanglose Sätze. Mohammed spricht dabei ohne arabischen Akzent, sodass man fast vermuten könnte, dass sich gar nicht der muslimische Prophet hinter dem schwarzen Balken verbirgt, der diesmal mit der Aufschrift „Censored by CBC" versehen wurde (siehe Abbildung 16)[263].

Abbildung 15: fingierter Zensurfall bei „Family Guy"

Abbildung 16: fingierter Zensurfall bei „Terrance & Phillip"

---

[262] „Cartoon Wars, Part 1", DVD, TC 00:05:10.
[263] "Cartoon Wars, Part 2", DVD, TC 00:01:51. "CBC" steht dabei für den fiktiven Sender „Canadian Broadcasting Company", der Terrance und Phillip produziert.

Beim dritten Versuch, bei dem Mohammed in die Serie abgebildet werden sollte, handelt es sich letztendlich um die einzig echte Zensurmaßnahme, die von Comedy Central angeordnet wurde. Hierbei geht es um die finale Ausstrahlung der zweiten „Family Guy"-Episode, die zuvor so hart von Kyle erkämpft wurde. Die Einbindung Mohammeds ist dabei fernab jeglicher Religionskritik und erscheint absurd: Der Prophet würde in der Szene einen Football-Helm mit einem Lachs darauf an Peter Griffin überreichen. Leider lässt sich nicht nachvollziehen, ob dabei auch ein Dialog zwischen den beiden stattfindet, denn die Szene wurde komplett entfernt und durch folgende Texttafel ersetzt:

> In this shot, Mohammed hands a football helmet to Family Guy. Comedy Central has refused to broadcast an image of Mohammed on their network."[264]

Comedy Central hat den Produzenten von *South Park* letztendlich also nicht die Genehmigung gegeben, Mohammed unzensiert auszustrahlen.[265] Dass es sich bei dieser Anweisung um eine direkte Reaktion auf die Ereignisse des Karikaturenstreits handelte, wurde kurz darauf durch folgende Pressemeldung von Comedy Central bestätigt: „In light of recent world events, we feel we made the right decision."[266] Allerdings wurde es den Produzenten selbst überlassen, wie sie mit dieser Direktive umgehen und in der Episode verarbeiten wollen. So schildert Matt Stone, dass man lange überlegt habe, wie man den Zuschauern klar machen kann, dass es sich hierbei um eine echte, präventive Zensurmaßnahme handelt, die von Comedy Central bzw. von dessen Mutterkonzern Viacom als entscheidende Instanz veranlasst wurde:

> It was really hard to come up with the right approach. What do you do other than just put black and white cards up to say this isn't us, the network really wouldn't show this image, they really have been bullied into this? We toyed with the idea of putting some really incredible quote up or making a big speech. At the end of the day it felt a little too high and mighty, so we ended up doing the driest thing possible.[267]

Welche Erkenntnisse kann man nun aus dem Karikaturenstreit und der Doppelepisode „Cartoon Wars" für die Entwicklung des Tabuthemas Mohammed mitnehmen? Einerseits hat man gesehen, dass es rund 5 Jahre nach der Episode

---

[264] "Cartoon Wars, Part 2", DVD, TC 00:20:15 (Tonspur: Englisch).
[265] Hauptverantwortlich für diese Entscheidung war letztendlich jedoch nicht der Sender selbst, sondern dessen Mutterkonzern Viacom. Zitat Trey Parker: „It really wasn't their [Anm: Comedy Central Executives] decision. It was the very high levels of Viacom." Vgl.: Goldman, "South Park", Web.
[266] "South Park duo criticise network", auf: *BBC* (Web: www.bbc.co.uk, 14.04.2006).
[267] Gillespie und Walker, "South Park Libertarians", S.61.

„The Super Best Friends" nicht mehr ganz so einfach und unproblematisch ist, den muslimischen Propheten Mohammed darzustellen. Mehr noch: Durch den Karikaturenstreit hat sich die Figur Mohammeds zum Symbol für die angespannten Verhältnisse zwischen der islamischen und der westlichen Welt etabliert und schwebt nun wie ein Damoklesschwert über den Köpfen der Gesellschaft – Und dementsprechend groß ist auch die Angst, dass ein Tabubruch dieses Schwert zum Fallen bringen könnte. In der Serie wurde der Kampf um eine bedingungslose Meinungsfreiheit gewonnen, in der Realität ging er jedoch verloren. Dass man das mögliche Risiko dabei vielleicht überbewertet hat, wurde bereits wenige Wochen nach der Erstausstrahlung von Doug Herzog, dem damaligen Geschäftsführer von Comedy Central, eingeräumt: „Did we over react? For sure. And I think history will probably show that, we hope."[268] Zum Zeitpunkt dieser Aussage hätte er wohl selbst kaum daran zu glauben gewagt, welche Entwicklung der Fall Mohammed wenige Jahre später tatsächlich nehmen sollte...

---

[268] Goldman, "South Park", Web.

5.1.4 Dritter Akt: Das Tabu manifestiert sich

Seinen vorerst finalen Höhepunkt hat das Tabuthema Mohammed in der 14. Staffel von *South Park* gefunden. Mit der Doppelfolge „200" bzw. „201" wurde nicht nur die 200. Episode der Serie zelebriert, sondern gleichzeitig wurde auch eine Zensurstufe erreicht, die man bei der Serie eigentlich nicht für möglich gehalten hätte. Deshalb wurde dieser Fall auch von einem großen Medieninteresse begleitet, das man bei den beiden „Cartoon Wars"-Episoden zum Großteil vermisst hat.[269] Der wohl wichtigste Aspekt ist jedoch, dass es diesmal tatsächlich eine terroristische Drohung gegen Comedy Central und die Produzenten von *South Park* gegeben hat, die letztendlich auch der Grund für die vorgenommenen Zensurmaßnahmen war.[270] Aber sehen wir uns auch hier die Ereignisse der Reihe nach an.

Die Episode „200" beginnt damit, dass Tom Cruise von den Einwohnern von South Park beleidigt wird und sich dadurch in seiner Ehre verletzt fühlt. Kurzerhand mobilisiert er alle Berühmtheiten, die im Laufe der Jahre von *South Park* aufs Korn genommen wurden, um diesem Treiben mit einer Sammelklage endgültig ein Ende zu setzen. Die Klage will er nur fallenlassen, wenn ihm die Bewohner von South Park den muslimischen Propheten Mohammed aushändigen können. Sein Plan: Mit Hilfe einer Maschine will er Mohammeds Macht, die ihn gegen jeglichen Hohn und Spott immun macht, auf sich und seine prominenten Kollegen übertragen. Den Kindern gelingt es zwar, den Propheten nach South Park zu bringen, kurz vor der Übergabe Mohammeds an Tom Cruise erhalten sie jedoch einen Drohbrief von einer extremistischen Gruppierung. Es handelt sich dabei um eine Gruppe rothaariger Kinder, auch „Gingers" genannt, die in der Serie ebenfalls häufig beleidigt wurden und nun auch die mediale Immunität des Propheten für sich beanspruchen. Ihren Forderungen verleihen sie sogleich durch einen terroristischen Anschlag mehr Nachdruck. Da nun aber auch die Prominenten mit physischer Gewalt drohen, befinden sich die Einwohner von South Park in einer

---

[269] Vgl.: Goldman, "South Park", Web. So haben Stone und Parker in diesem Interview ihre Enttäuschung über das geringe Interesse an der Zensur bei der Doppelfolge "Cartoon Wars" geäußert: „We really have this very strong political and philosophical position about the Mohammed cartoon controversy, and no one wants to talk about that."
[270] Stone und Parker bestätigen, dass es zu der Doppelepisode „Cartoon Wars" niemals terroristische Bedrohung gegeben habe. Aus diesem Grund sei die dort vorgenommene Zensur ihrer Meinung nach auch nicht gerechtfertigt gewesen. Vgl.: „Cartoon Wars, Part 2", DVD, TC 00:04:35 (Tonspur (Audio-Kommentar).

ausweglosen Zwickmühle, die gleichzeitig den Cliffhanger für den zweiten Teil dieser Doppelfolge darstellt.[271]

Auf den ersten Blick scheint die Episode einige Parallelen zur „Cartoon Wars" Folge aufzuweisen: Das Abbildungstabu Mohammeds ist nach wie vor aufrecht, der muslimische Prophet wird entweder durch einen Schwarzbalken mit der Aufschrift „Censored" verdeckt (siehe Abbildung 17)[272] oder er wird von den Bewohnern versteckt. So wird er z.B. für die Übergabe an Tom Cruise in ein Bärenkostüm gesteckt (siehe Abbildung 18)[273]. Auch die Angst vor Terroranschlägen ist weiterhin präsent und für die Bewohner von South Park das Hauptmotiv, Mohammed nicht in der Öffentlichkeit zu präsentieren.

Abbildung 17: Mohammed zensiert   Abbildung 18: Mohammed im Bärenkostüm

Allerdings gibt es einen entscheidenden Punkt, in der sich diese Folge von den „Cartoon Wars"-Episoden unterscheidet: Die Gewaltandrohungen gehen diesmal nicht von islamistischen Fundamentalisten aus, sondern von Prominenten und rothaarigen Kindern. Der einzige islamkritische Aspekt, den man in der Episode vorfindet, ist der Missbrauch der religiösen Figur Mohammed als Symbol der unterdrückten Meinungsfreiheit. Diese Einbettung des muslimischen Propheten war jedoch ausschlaggebend dafür, dass Abu Talhah Al-Amrikee, Mitglied einer kleinen, islamistischen Gruppierung mit Sitz in New York, kurz nach der Ausstrahlung des ersten Teils eine „Warnung" gegen die Produzenten von *South Park* auf der Webseite *RevolutionMuslim.com* veröffentlicht hat:

---

[271] Vgl.: „200", in: *South Park – The Complete Fourteenth Season,* Disc 1 (DVD: Paramount Home Entertainment, 2011), [USA, 2010].
[272] „200", DVD, TC 00:09:25.
[273] „200", DVD, TC 00:14:29.

We have to warn Matt and Trey that what they are doing is stupid and they will probably wind up like Theo Van Gogh for airing this show. This is not a threat, but a warning of the reality of what will likely happen to them. [274]

Diese Drohung sorgte vor allem durch ihre Anspielung auf das Schicksal von Theo van Gogh für Schlagzeilen. Der niederländische Regisseur wurde am 2. November 2004 von Mohammed Bouyeri, Mitglied der radikal-islamistischen Hofstad-Gruppe, ermordet. Das unmittelbare Motiv für diese Tat war van Goghs Kurzfilm „Submission Part I", der die Unterdrückung von Frauen im Islam problematisiert.[275] Zusätzlich wurden auf RevolutionMuslim.com auch die Adressen von Comedy Central und der Produktionsfirma von South Park veröffentlicht, sowie Bilder von Trey Parker, Matt Stone und des ermordeten Theo van Gogh. Außerdem wurde auf ein Audiofile verlinkt, in dem eine radikalislamistische Predigt zu hören ist, die zu Meuchelmord an all jenen aufruft, die den Propheten Mohammed diffamieren.

Al-Amrikee hat wenig später in Interviews betont, dass sein Eintrag nicht als Drohung zu verstehen sei, sondern lediglich eine Warnung war, mit der er die Serie für deren rücksichtslosen Umgang mit den Weltreligionen an den Pranger stellen wollte. Der Eintrag wurde am 18. April 2010 veröffentlicht, also 3 Tage vor der geplanten Premiere von „201". Die ersten Medienberichte, etwa von FOX und CNN, folgten zwei Tage später.[276] Zu diesem Zeitpunkt hat die New Yorker Polizei bereits Sicherheitsmaßnahmen beim Sender Comedy Central und den Produzenten veranlasst.[277] Laut Angaben der zuständigen Behörden war es durch Al-Amrikees geschickte Wortwahl jedoch nicht möglich, rechtliche Schritte gegen den Eintrag und dessen Urheber einzuleiten, da die Warnung ironischer weise

---

[274] Der ursprüngliche Eintrag ist auf der Revolution Muslim Seite nicht mehr verfügbar. Allerdings hat CNN die Inhalte sehr gut zusammengefasst. Vgl.: Drew Griffin und Tim Lister, „Islamic group: 'South Park' post a call to protest, not violence", auf: CNN International (Web: www.cnn.com, 21.04.2010).

[275] Vgl.: Ian Buruma, Die Grenzen der Toleranz: Der Mord an Theo van Gogh (München: Carl Hanser Verlag, 2006.), S.9ff.

[276] Vgl.: Joshua Reth Miller, "'South Park' Creators Could Face Retribution for Depicting Muhammad, Website Warns", auf: Fox News (Web: www.foxnews.com, 20.04.2010). bzw. Griffin und Lister, "Islamic group", Web. Aus diesen Quellen stammen auch die Angaben zum Originaleintrag von RevolutionMuslim.com, da dieser wenig später durch ein umfangreiches Statement ersetzt wurde. Die Warnungen/Drohungen gegenüber South Park blieben jedoch nach wie vor aufrecht. Vgl. hierzu: "Clarifying the South Park Response and Calling on Others to Join in the Defense of the Prophet Muhammad", auf: Revolution Muslim (Web: www.revolutionmuslimdaily.blogspot.com, 22.04.2010).

[277] Vgl.: Mark Hosenball, "Security Stepped Up at Comedy Central Following Threats Against 'South Park'", auf: The Daily Beast (Web: www.thedailybeast.com, 23.04.2010).

durch die gesetzlich abgesicherte Meinungsfreiheit zulässig war.[278] Das wahre Ausmaß der Bedrohung und der damit verbundenen Sicherheitsvorkehrungen wurde jedoch am 21. April sichtbar, als die Episode „201" ausgestrahlt wurde – denn sämtliche Anspielungen auf den muslimischen Propheten Mohammed wurden rigoros entfernt. Doch verschaffen wir uns auch hier zunächst einen Überblick über den Inhalt der Fortsetzung.

Im zweiten Teil verbünden sich zunächst die Gingers mit den Prominenten und kidnappen den Propheten Mohammed. Gemeinsam will man nun dessen Kraft, die ihn gegen jegliche Verspottung immun macht, auch auf sich selbst übertragen. Gleich der erste Versuch an Tom Cruise gelingt und er ist postwendend vor sämtlichen Beleidigungen gefeit – aus diesem Grund wird nun auch Tom Cruise hinter einem schwarzen Zensurbalken dargestellt. Es kommt jedoch zu einem Handgemenge, bei dem Tom Cruise Zielscheibe eines lustigen Wortspiels von Stan wird und damit wieder seine eben gewonnene Immunität verliert – er ist nun wieder unzensiert zu sehen. Die Folge endet damit, dass Kyle, Jesus und Santa Claus Ansprachen halten, in denen sie die Moral der Geschichte noch einmal auf den Punkt bringen wollen.[279]

Der komplette Handlungsstrang der Episode zielt im Grunde auf diese finalen Reden ab, die untermauern sollten, warum die mediale Immunität, die Mohammed inne hat, eigentlich gar nicht existiert. Doch genau diese Immunität ist in der Folge deutlich spürbar - und die Sicherheitsvorkehrungen, die Comedy Central aufgrund der Drohungen von *RevolutionMuslim* veranlasst hat, drücken der gesamten Episode ihren Stempel auf. So hat man sich dazu entschlossen, das Wort „Mohammed" jedesmal durch einen Beep-Ton zu ersetzen und somit in der gleichen Art und Weise zu unterdrücken, wie sonst nur vulgäre Schimpfwörter. Natürlich wurde auch auf eine Abbildung Mohammeds verzichtet, der in der Episode nur hinter einem Schwarzbalken vermutet werden kann. Doch damit nicht genug, denn auch die finalen Reden von Kyle, Jesus und Santa Claus, in denen sie ihr politisches Statement vortragen sollten, wurden durch Beep-Töne unkenntlich gemacht. So sind ihre Ansprachen nur noch visuell wahrnehmbar und wurden durch bis zu 16 Sekunden lange Dauertöne zensiert.

---

[278] Vgl.: Griffin und Lister, "Islamic group", Web.
[279] Vgl.: „201", in: *South Park: The Complete Fourteenth Season,* Disc 2 (DVD: Paramount Home Entertainment, 2011), [USA, 2010].

Comedy Central übernahm in weiterer Folge die volle Verantwortung für diese zensorischen Eingriffe. So bestätigte ein Pressesprecher von Comedy Central, dass sowohl alle visuellen Darstellungen als auch alle namentlichen Nennungen von Mohammed auf Anordnung des Senders zensiert wurden. Darüber hinaus habe man auch die Zensur der finalen Reden veranlasst: "I can't go into the thinking behind it, but I can confirm it was Comedy Central that inserted the bleeps and not *South Park*"[280]. Gleichzeitig nahmen auch Stone und Parker auf der offiziellen Online-Plattform von *South Park* zu den Vorkommnissen Stellung. Dabei stellten sie klar, dass die zensorischen Eingriffe tatsächlich vom Sender durchgeführt wurden:

> We delivered our version of the show to Comedy Central and they made a determination to alter the episode. It wasn't some meta-joke on our part. Comedy Central added the bleeps. In fact, Kyle's customary final speech was about intimidation and fear. It didn't mention Muhammad at all but it got bleeped too.[281]

Dieses Zitat liefert gleichzeitig auch den einzigen Hinweis darüber, was bei den finalen Reden von Kyle, Jesus und Santa Claus gesagt wird – es geht um Einschüchterung und Angst. Der genaue Wortlaut ist jedoch bis heute nicht bekannt, denn neben den bereits erwähnten Zensurmaßnahmen in der Episode kam es in den darauf folgenden Tagen und Wochen zu einer Reihe weiterer Vorkehrungen, mit denen sich Comedy Central gegen die drohende Gefahr absichern wollte: So wurden die geplanten Wiederholungen der beiden Episoden unterbunden und stattdessen andere Folgen der 14. Staffel gezeigt.[282] Außerdem hat der Sender alle weiteren Ausstrahlungen der beiden Episoden untersagt – auch auf europäischem Boden. Peter von Satzgerl, der schwedische Pressesprecher von Comedy Central, gab an, dass es sich um eine internationale Direktive des US-Sender-Networks handelte und die Entscheidung folgendermaßen begründete: „The safety of our employees is our unquestioned number one priority, and therefore we took these precautionary measures."[283]

---

[280] Ed Pilkington, "South Park censored after threat of fatwa over Muhammad episode", auf: *The Guardian* (Web: www.guardian.co.uk, 22.04.2010).

[281] "A Statement from Matt and Trey", auf: *South Park Studios* (Web: www.southparkstudios.com, 22.04.2010).

[282] Vgl.: Dave Itzkoff, "'South Park' Episode Altered After Muslim Group's Warning", auf: *The New York Times* (Web: www.nytimes.com, 22.04.2010).

[283] Vgl.: Peter Vinthagen Simpson, "South Park Muhammad joke won't air in Sweden", auf: *The Local: Swedens News in English* (Web: www.thelocal.se, 29.04.2010).

Darüber hinaus wurden die beiden Episoden auch vom offiziellen Online-Portal *SouthParkStudios.com* entfernt, auf dem normalerweise alle Episoden bereits kurz nach deren Ausstrahlung frei verfügbar sind. Stattdessen ist folgender Kommentar zu lesen:

> We do not have Network Approval to stream our Original Version of the show. After we delivered the show, and prior to broadcast, Comedy Central placed numerous additional Bleeps throughout the episode. We do not have Network approval to stream our original version of the show.[284]

Zusätzlich wurde auch die Episode "The Super Best Friends", in der Mohammed unzensiert zu sehen ist und bis zu diesem Zeitpunkt nie beanstandet wurde, vom Portal genommen.[285] Die beiden „Cartoon Wars" Episoden wurden hingegen nicht zurückgezogen und sind nach wie vor aufrufbar.[286] An all diesen Maßnahmen hat sich bis heute (Stand: 07.11.2011) nichts geändert. Die Episoden „200" und „201" befinden sich auch nicht auf der mittlerweile veröffentlichten DVD-Sammelbox der 14. Staffel. Zumindest nicht in Deutschland.[287] Auf der US-Version sind die beiden Folgen nämlich vorhanden, aber natürlich nur in der zensierten Fassung. Dabei werden die Episoden sogar von Trey Parker und Matt Stone kommentiert – dabei sprechen sie jedoch in erster Linie darüber, dass sie die vorgenommenen Zensurmaßnahmen nicht kommentieren dürfen: „We don't know anything we could say about the episode, because it would just probably get cut out or beeped over somehow."[288] Comedy Central dürfte den beiden demnach also einen Maulkorb verpasst haben. Und tatsächlich sind mir, eineinhalb Jahre nach diesen Vorfällen, keine Interviews bekannt, in denen sich Trey Parker oder Matt Stone zum „Fall Mohammed" öffentlich geäußert hätten.

Dabei hätte genug mediales Interesse an diesem Fall bestanden. War die Berichterstattung nach den Drohungen gegen Comedy Central, Trey Parker und Matt Stone zunächst noch einigermaßen überschaubar, so überschlugen sich die medialen Berichte nach der Ausstrahlung der Episode „201" und der dort

---

[284] Vgl.: "201", auf: *South Park Studios* (Web: www.southparkstudios.com, ohne Datum), Zugriff: 07.10.2011. http://www.southparkstudios.com/full-episodes/s14e06-201.
[285] Vgl.: "Super Best Friend", auf: *South Park Studios* (Web: www.southparkstudios.com, ohne Datum), Zugriff: 07.10.2011.
[286] Vgl.: "Cartoon Wars Part 1", auf: *South Park Studios* (Web: www.southparkstudios.com, ohne Datum), Zugriff: 07.10.2011.
[287] Vgl.: Trey Parker und Matt Stone, *South Park: Die Komplette Vierzehnte Staffel* (DVD: Paramount Home Entertainment, 2011), [USA, 2010].
[288] „201", DVD, TC 00:02:00 (Tonspur: Commentaries). Trey Parker versucht zwar dennoch, Hintergrundinformationen zu geben, aber seine Aussagen wurden postwendend mit einem langen Beep-Ton zensiert. Dabei handelt es sich aber wohl eher um einen Scherz der Produzenten.

durchgeführten Zensur. Der Großteil der Stimmen stellte sich dabei auf die Seite der Produzenten und sah in den Handlungen von Comedy Central eine Niederlage für die Meinungsfreiheit und einen Sieg für extremistische Gruppierungen.[289] Aber auch von islamischer Seite war man nicht begeistert über die Vorkommnisse. Ein Vertreter der Bürgerrechtsorganisation CAIR, dem Rat für amerikanisch-islamische Beziehungen, räumte beispielsweise ein, dass man zwar von der *South Park*-Episode und der erneuten Thematisierung von Mohammed gewusst hat, auf ein offizielles Statement allerdings verzichtet habe, um der Serie nicht noch mehr Aufmerksamkeit zukommen zu lassen.[290] Am Eindrucksvollsten lässt sich das öffentliche Interesse an der Kontroverse aber wohl durch die Zeichentrickserie *„Die Simpsons"* belegen. In der Episode *„The Squirt and the Whale"*, die am 25. April 2010 und somit nur wenige Tage nach *South Parks „201"* ausgestrahlt wurde, hat man in der Eröffnungssequenz, in der Bart Simpson seinen obligatorischen Spruch auf die Tafel schreibt, direkt auf die Ereignisse Bezug genommen: *„South Park –* We'd stand beside you if we weren't so scared."[291]

5.1.5 Zwischenresümee

Welche Erkenntnisse und Konsequenzen ergeben sich nun aus dem „Fall Mohammed" für die Erforschung religiöser Zensur bei *South Park*? Wir haben zunächst gesehen, wie sich das im Islam gültige Abbildungstabu des Propheten Mohammeds in der Serie, aber auch in der Gesellschaft, gewandelt hat. Während es Anfang 2001 noch kein Problem dargestellt hat, Mohammed bildlich darzustellen, scheint es zehn Jahre später Restriktionen zu geben, die seine Abbildung nicht mehr zulassen. Selbst Matt Stone und Trey Parker, die ansonsten kein Tabuthema auslassen, finden hier ihre Grenzen. Bemerkenswert ist dabei vor allem, dass die Befürchtungen, die in der Doppelfolge "Cartoon Wars" thematisiert wurden, nun Realität geworden sind: Eine echte Gewaltandrohung, die von einer radikal-islamistischen Organisation initiiert wurde, führte zu weitreichenden

---

[289] Vgl. z.B.: Michael Cavna, "Pulitzer Prize-winning cartoonists condemn censorship of 'South Park'", auf: *The Washington Post* (Web: www.washingtonpost.com, 29.04.2010) bzw. Margaret Wente, "Jihad jitters at Comedy Central: Why do we allow ourselves to be spooked?", auf: *The Globe and Mail* (Web: www.theglobeandmail.com, 24.04.2010).
[290] Vgl.: Scott Collins und Matea Gold, "Threat against 'South Park' creators highlights dilemma for media companies", auf: *Los Angeles Times* (Web: www.latimes.com, 23.04.2010).
[291] Alastair Jamieson, "The Simpsons support South Park writers in Mohammed censorship row", auf: *The Telegraph* (Web: www.telegraph.co.uk, 28.04.2010).

Selbstzensurmaßnahmen. Dabei wurden die Forderungen dieser „organisierten Gruppenzensur" jedoch nicht durch Lobbying, Proteste oder ökonomischen Druck erreicht, sondern durch physische Gewaltandrohung – und diese Methode war letzten Endes wesentlich effektiver, als es die Maßnahmen anderer Organisationen, z.B. durch das *Parents Television Council* oder durch die *Catholic League*, je gewesen sind.

Es wäre somit durchaus denkbar, dass die Zensurmaßnahmen von Comedy Central einen Präzedenzfall geschaffen haben, auf den sich nun auch andere Interessensgruppen berufen können. So gab es bereits Proteste gegen die geplante Zeichentrickserie *J.C.*, die von Comedy Central angekündigt wurde und in der Jesus Christus im Mittelpunkt stehen soll. William Donohue, der Präsident der *Catholic League*, nahm dabei auch auf die *South Park*-Kontroverse und den „Fall Mohammed" Bezug und zeigte sich siegessicher, dass ihre Proteste gegen *J.C.* Erfolg haben werden: "I don't think they're going to have the guts to go ahead and do this".[292] Die Verteidigungsstrategie als „Equal-Opportunity Offenders", auf die sich die Produzenten und der Sender lange Zeit berufen konnten, scheint also zu bröckeln – und es bleibt abzuwarten, ob *South Park* auch in Zukunft ihrem tabulosen Konzept, das jahrelang praktiziert wurde, weiterhin in der selben Art und Weise treu bleiben kann.

---

[292] Vgl.: David Bauder, "Comedy Central's Jesus Show Draws Protest From Religious Groups", auf: *The Huffington Post* (Web: www.huffingtonpost.com, 03.06.2010).

6 *South Park* vs. Political Correctness

> The notion of political correctness has ignited controversy across the land. And although the movement arises from the laudable desire to sweep away the debris of racism, sexism, and hatred, it replaces old prejudices with new ones. It declares certain topics off-limits, certain expressions off-limits, even certain gestures off-limits. What began as a cause for civility has soured into a cause of conflict and even censorship.[293]
>
> (George H. W. Bush, 1991)

Die Zensurmaßnahmen, denen wir im „Fall Mohammed" begegnet sind, waren für Außenstehende deutlich erkennbar und haben durch die mediale Berichterstattung für eine große Aufmerksamkeit gesorgt. Doch nicht immer zeigt sich Zensur so offensichtlich wie in diesem Fall. Wenn man sich die Zensurpyramide von Albig ins Gedächtnis ruft, gibt es vor allem auf der kulturellen Zensurebene Restriktionsmechanismen, die zwar stets präsent sind, aber von der Gesellschaft oft nicht wahrgenommen werden, weil sie meist unbewusst und automatisch ablaufen.[294] Für den deutschen Psychoanalytiker Hartmut Kraft ist *Political Correctness* der moderne Sammelbegriff für solche gesellschaftlichen und kulturellen Schranken.[295] Der Begriff steht dabei für die Ablehnung aller Handlungen und Äußerungen, die andere Personen diskriminieren oder demütigen könnten, z.b. aufgrund ihrer Rasse, ihres Geschlechts, ihrer sexuellen Orientierung oder aufgrund einer körperlichen oder geistigen Behinderung.[296] Der damals noch amtierende US-Präsident George H. W. Bush, von dem das einleitende Zitat stammt, erkannte bereits Anfang der 90er die gesellschaftliche Ambivalenz, die mit diesem Begriff verbunden ist: Auf der einen Seite steht das zu befürwortende Bestreben bestimmte Äußerungen zu Gunsten eines besseren und friedlicheren Zusammenlebens zu vermeiden und somit dem Fortbestand von

---

[293] Zitiert aus: Battistella, *Bad Language*, S.92. Orig.: George H. Bush, "May 1991 commencement address", in: Patricia Aufderheide, *Beyond PC: Toward a Politics of Understanding* (St. Paul: Graywolf, 1992), S.227.
[294] Vgl.: Albig, *Modern Public Opinion*, S.243ff bzw. Schröder, "Zur Kulturspezifik von Tabus", S.55.
[295] Vgl.: Kraft, "Nigger und Judensau", S.272.
[296] Vgl.: *Brockhaus-Enzyklopädie, Band 21, PARAL–POS, 21. Auflage* (Leipzig: Brockhaus, 2006), S.655 = „Political Correctness".

Vorurteilen und Stereotypen entgegenzuwirken. Auf der anderen Seite leidet darunter aber auch oftmals die freie Meinungsäußerung, denn bestimmte Themen und Wörter dürfen nicht ausgesprochen werden und müssen in vielen Situationen unterdrückt werden. Somit werden von den Verfechtern der Political Correctness Tabugrenzen festgelegt, die einen offenen und freien Diskurs in der Gesellschaft oft nicht mehr zulassen:

> Das Fatale an der Political Correctness für die Meinungsäußerungsfreiheit ist, dass manche Auseinandersetzungen und Diskussionen von vornherein nicht oder nur in Form einer Diffamierungskampagne oder eines Schauprozesses stattfinden können.[297]

Einen solchen Schauprozess musste auch der dänische Filmregisseur Lars von Trier über sich ergehen lassen, nachdem er bei den Filmfestspielen in Cannes 2011 auf einer Pressekonferenz u.a. den Satz „Ich bin ein Nazi" von sich gegeben hatte und anschließend eine gewisse Empathie für Adolf Hitler bekundete. Seine Aussagen führten dazu, dass von Trier als „Persona non grata" von den Festspielen ausgeschlossen und von den Medien heftig kritisiert wurde. In einem Interview gab von Trier später an, dass ihn bei den Reaktionen vor allem die Argumentation der Political Correctness beunruhige: „Wenn man in diese Falle gerät, wird unser Denken arm."[298] An diesem Beispiel erkennt man bereits, dass die Frage, ob eine Aussage politisch korrekt und gesellschaftlich akzeptabel ist, für Medienschaffende durchaus über Erfolg oder Misserfolg, Reputation oder gesellschaftliche Ächtung entscheiden kann. Und so ist es auch nicht weiter verwunderlich, dass bestimmte Themen und Ausdrücke lieber vermieden werden, um mögliche Probleme von vornherein auszuschließen.

Die zentrale Frage dieses Kapitels ist nun, ob solche gesellschaftlichen Zwänge und Tabus auch bei *South Park* zum Tragen kommen und zu einer Selbstzensur führen. Man mag aufgrund der offensiven Ausrichtung der Serie zunächst nicht wirklich daran glauben. Ein kurzer Blick auf die Themenwahl bei *South Park* bestätigt die Vermutung, dass Political Correctness keinen allzu großen Hemmschuh für die Produzenten der Serie darstellt: Während Eric in einer Folge versucht, die Juden auszurotten[299], werden in einer anderen Episode Indianer – Pardon, es müsste natürlich Ureinwohner Amerikas heißen – als geldgeile und

---

[297] Nordbruch, *Sind die Gedanken noch frei?*, S.194.
[298] Vgl.: "Lars von Trier will keine Pressekonferenz mehr geben", auf: *ORF.at* (Web: www.orf.at, 10.08.2011). http://orf.at/stories/2073310/.
[299] Vgl.: „The Passion of the Jew", DVD.

skrupellose Casinobesitzer dargestellt[300]. Schwarze werden aufgrund ihrer Hautfarbe von der Polizei festgenommen[301] und Behinderte werden verspottet und verprügelt.[302] Diese Liste an politisch inkorrekten Themen ließe sich noch sehr lange weiterführen und eigentlich vergeht kaum eine Episode, bei der man sich zwischendurch nicht etwas verlegen fragt: „War das jetzt wirklich OK?".

Und dennoch gibt es auch bei *South Park* Grenzen, die unter dem Aspekt der Political Correctness nicht überschritten werden dürfen. Bereits im Abschnitt über Schimpfwörter haben wir gesehen, dass neben vulgären und sexuell konnotierten Ausdrücken auch die politisch nicht korrekten Wörter „Fag" und „Nigger" durch Beep-Töne unterdrückt wurden. Ausdrücke dieser Art bezeichnet der amerikanische Linguist Edwin Battistella als Epithete. Unter diesem Begriff versteht er alle Schimpfwörter, die einen rassistischen bzw. ethnisch konnotierten Unterton beinhalten. Dabei betont er auch, dass die Unterdrückung und Zensur solcher Ausdrücke im Zuge der Political Correctness in den letzten Jahren immer mehr zugenommen hat: „One aspect of language where taboos remain string, and in fact have probably strengthened over the last fifty years, is ethnic and racial epiphets."[303] Grund genug, sich mit diesen beiden Tabuwörtern und deren Entwicklung bei *South Park* etwas näher auseinanderzusetzen.

6.1 Ein Tabuwort wird gesellschaftsfähig – „Fag" im Wandel der Zeit

Am Beispiel des Schimpfwortes „Fag" zeigt sich, wie sich die gesellschaftliche Akzeptanz eines Wortes im Laufe der Jahre ändern kann. Der Ausdruck stellt dabei eine abwertende Bezeichnung von Homosexuellen dar und kommt im deutschen Sprachraum am Ehesten dem Wort „Schwuchtel" gleich. Dabei ist es zunächst interessant, dass das Wort in den ersten vier Staffeln konsequent vermieden wird und kein einziges Mal zum Einsatz kommt. Erst in der fünften Staffel wurde „Fag" erstmals verwendet, und zwar in der Episode „It hits the fan", die, vor allem wegen des unzensierten Gebrauchs des vulgären Ausdrucks „Shit"

---

[300] Vgl.: „Red Man's Greed", in: *South Park: Die Komplette Siebte Season*, Disc 2 (DVD: Paramount Home Entertainment, 2008), [USA, 2003].
[301] Vgl.: „The Jeffersons", DVD.
[302] Vgl.: "With Apologies to Jesse Jackson", in: *South Park: Die Komplette Elfte Season*, Disc 1 (DVD: Paramount Home Entertainment, 2009), [USA, 2007].
[303] Battistella, *Bad Language*, S.82.

für Aufsehen gesorgt hat.[304] In der Episode erklärt Mr. Garrison den Kindergartenkindern, dass es sich beim Wort „Fag" um ein Tabuwort handelt und deshalb nur in bestimmten Situationen verwendet werden darf:

> Mr. Garrison: Look, it's all about context. Well, for example, recently I have come out and admitted that I was a homosexual. That means, that now I can say the word "fag". On television they usually don't allow "fag" but because I'm gay, it's all right.[305]

In weiterem Verlauf dieser Folge wird das Wort zwar zensiert, aber nur, um damit einen Gag zu etablieren, der gleichzeitig auch den Zusammenhang zwischen gesellschaftlichen Tabus, Zensur und dem möglichen Tabubruch im richtigen Kontext erläutert:

> Mr. Garrison: You can't say "fag" unless you're a homosexual.
>
> Randy Marsh: Really? So I can't say <beep>?
>
> Mr. Garrison: No, see, you got beeped.
>
> Mann: You mean you have to be a <beep> to say <beep>?
>
> Mr. Garrison: That's right.
>
> Jimbo: Well, that's not fair. I should be able to say fag.[306]

Während der Kraftausdruck in dieser Episode also nur von Homosexuellen unzensiert ausgesprochen werden durfte, darf Eric Cartman in der sechsten Staffel erstmals auch unzensiert ein anderes Kind als „Fag" beschimpfen.[307] Trey Parker berichtet dabei stolz vom gewonnen Kampf gegen die *Standards & Practices*-Richtlinien des Senders: „These are the important standards battles we fight. [...] So we can fight to say "fag" on TV. We care a lot about the First Amendment."[308] Mittlerweile wird das Wort in der Serie sogar sehr häufig eingesetzt. So beschimpft Mr. Garrison, der sich inzwischen einer Geschlechtsumwandlung unterzogen hat und damit nicht mehr als homosexuell gilt, in der Episode „Follow that egg" Homosexuelle sehr offensiv als „Fags", ohne

---

[304] Vgl. S. 60f in dieser Arbeit.
[305] „It hits the fan", DVD, TC 00:05:55 (Tonspur: Englisch).
[306] „It hits the fan", DVD, TC 00:17:00 (Tonspur: Englisch).
[307] „The Return of the Fellowship of the ring of the two towers", TC 00:15:37 (Tonspur: Englisch). In: *South Park: Die Komplette Sechste Season,* Disc 3 (DVD: Paramount Home Entertainment, 2008), [USA, 2002]. Eric macht sich über eine Gruppe von Kindern lustig, die „Harry Potter" spielen und bezeichnet sie dabei als „Fags".
[308] „The Return of the Fellowship of the ring of the two towers", DVD, TC 00:01:50 (Tonspur: Audio-Kommentar).

dass der Ausdruck dabei durch einen Beep-Ton ausgeblendet werden musste.[309] Das erstaunt nicht nur die beiden Produzenten, sondern zeigt auch, dass sich die internen Senderrichtlinien im Laufe der Zeit durchaus lockern können, wenn eine Grenze erst einmal durchbrochen wurde und größere Beschwerden und Probleme ausgeblieben sind: „Now we say „fag" all the time. That's good. So we did that for television."[310] In der Episode "The F Word" nimmt *South Park* sogar direkten Bezug auf den Wandel solcher Worttabus. In dieser Folge sind die Eltern zunächst schockiert darüber, dass ihre Kinder das Wort „Fag" ständig in den Mund nehmen. Diese setzen den Kraftausdruck jedoch nicht dazu ein, um damit Homosexuelle zu beleidigen, sondern verwenden „Fag" als Schimpfwort für laute Motorradfahrer. In weiterer Folge wird in der Episode verdeutlicht, dass sich die Bedeutung von Wörtern im Laufe der Zeit ändern kann und sich dementsprechend auch der Umgang mit dem Wort ändern sollte.[311] Das Schimpfwort „Fag" stellt somit ein gutes Beispiel dar, dass ein solcher Wandel auch die internen Zensurrichtlinien des Senders beeinflussen kann. Doch während sich der Umgang mit dem beleidigenden Kraftausdruck für Homosexuelle im Laufe der Jahre gelockert hat, bildet das Wort „Nigger" nach wie vor eine fast unüberwindbare Barriere.

6.2 *South Park* und rassistische Äußerungen

Das Wort "Nigger" stellt in der US-Gesellschaft das wohl prägnanteste Tabuwort dar – und es hat sich im Zuge der politischen Korrektheit sogar noch weiter manifestiert. Wie problematisch dieses spezifische Wort in den USA ist, historisch geprägt durch Sklaverei und Diskriminierung der schwarzen Bevölkerung, beschreibt auch der afroamerikanische Jurist Randall Kennedy in seinem kontrovers diskutierten Buch *Nigger. The Strange Career of a Troublesome Word.* Dabei hebt er nicht nur hervor, dass die Verwendung dieses Begriffs von der amerikanischen Gesellschaft als absolutes Tabu angesehen wird, sondern er betont auch, wie umfangreich, ja fast schon totalitär moderne Sprachtabus unter

---

[309] "Follow that egg", TC 00:05:30 (Tonspur: Englisch). In: *South Park: Die Komplette Neunte Season,* Disc 2 (DVD: Paramount Home Entertainment, 2008), [USA, 2005].
[310] "Follow that egg", DVD, TC 00:03:30 (Tonspur: Audio-Kommentar).
[311] Vgl.: „The F Word", in: *South Park: Die Komplette Dreizehnte Season,* Disc 3 (DVD: Paramount Home Entertainment, 2010), [USA, 2009].

dem Diktat der Political Correctness funktionieren können: „Political prudence counsels strict avoidance".[312]

Ein gutes Beispiel, welche Auswirkungen eine Missachtung dieser Regel haben kann, liefert die Episode „With Apologies to Jesse Jackson". Die Folge beginnt damit, dass Stans Vater Randy Marsh bei der TV-Show „Wheel of Fortune", der US-Version des Glücksrades, teilnimmt. Dort soll er in der Kategorie „People who annoy you" („Leute, die sie nerven") folgende Buchstabenkombination komplettieren: „N_GGERS". Es fehlt nur noch ein Buchstabe, die Lösung scheint nur allzu offensichtlich zu sein. Trotz kurzer Bedenken ruft Randy lauthals die vermeintlich richtige Lösung heraus: „NIGGERS". Die Zuschauer im Studio und vor den Bildschirmen sind sprachlos – und die scheinbar suggestive Lösung noch dazu falsch. Denn tatsächlich war das Wort „Naggers", also Nörgler, gesucht. Der Moderator ist peinlich berührt, die Sendung wird umgehend durch ein Testbild unterbrochen und auch Randys Frau ist außer sich: „I can't believe you said the N-Word on National Television!"[313] Obwohl Randy das Tabuwort „Nigger" weder in rassistischer noch in böswilliger Absicht ausgesprochen hat, sondern es sich einzig und allein um ein fatales Missverständnis gehandelt hat, bekommt er die Keule der „politisch Korrekten" mit voller Kraft zu spüren. Er wird von der Gesellschaft wie ein Aussätziger behandelt und selbst erniedrigende öffentliche Entschuldigungen, so küsst er z.B. Jesse Jacksons Hintern vor laufender Kamera, können seinen guten Ruf nicht wieder herstellen.

Obwohl das Wort „Nigger", trotz aller Tabuisierung in der US-Gesellschaft, in dieser Episode gleich 42x unzensiert zum Einsatz kommt, gab es dafür sogar positive Stimmen aus einem unerwarteten Lager. Die Organisation *Abolish the 'N' Word* lobte die Episode für ihren pädagogisch wertvollen Umgang mit der Thematik: „This show in its own comedic way, is helping to educate people about the power of this word and how it feels to have hate language directed at you."[314] Dieser erzieherische Aspekt und das damit verbundene politische Statement der Episode waren letztendlich wohl auch entscheidend dafür, dass die unzensierte

[312] Randall Kennedy, *Nigger: The Strange Career of a Troublesome Word* (New York: Pantheon Books, 2002), S.172.
[313] Vgl.: „With Apologies to Jesse Jackson", DVD, TC 00:00:43 – 00:02:35 (Tonspur: Englisch).
[314] Brent Bozell, "The Incomplete Anti-Imus Lobby", auf: *Media Research Center* (Web: www.mrc.org, 12.04.2007).

Verwendung des N-Wortes vom Sender genehmigt wurde. Tatsächlich handelt es sich dabei um einen absoluten Sonderfall, denn in der Gesamtbetrachtung der Serie fällt auf, dass *South Park* zwar regelmäßig mit rassistischen Stereotypen spielt, das Wort „Nigger" allerdings erstaunlich selten eingesetzt wird. So lässt es sich auch erklären, warum dieser kritische Ausdruck nur in einer einzigen Episode durch einen Beep-Ton unkenntlich gemacht werden musste. Dabei beschimpft ein Afroamerikaner in der Folge „Clubhouses" eine Frau, die ebenfalls afroamerikanischer Abstammung ist, mit dem Satz „I'll bust a cap in your <Beep> <Beeeeep>". Dies wird von Kyle sofort mit einem "Wow, cartoons are getting really dirty." kommentiert.[315] Ein Vergleich mit den im Internet verfügbaren und von Fans erstellten Transkriptionen zeigt, dass der Originalsatz möglicherweise „I'll bust a cap in your nigger-ass shithole"[316] gelautet haben könnte. Ein Blick auf die deutsche Synchronfassung bestätigt diese Vermutung. Dort wurde die Dialogzeile unzensiert ausgestrahlt und folgendermaßen übersetzt: „Ich hetz dir die Bullen auf deinen Scheiss ungewaschenen Niggerhals."[317] Wurde in der Originalfassung also tatsächlich das N-Wort zugunsten eines politisch korrekten Sprachgebrauchs durch einen Beep-Ton unterdrückt?

Diese Vermutung ist gar nicht mal so unwahrscheinlich, denn der Einsatz des Begriffs „Nigger" ist in den über 200 Episoden von *South Park* tatsächlich überraschend überschaubar. Um genau zu sein, sind mir nur drei weitere Episoden bekannt, in denen das N-Wort unzensiert fällt. So z.B. in der Episode „Death Camp of Tolerance", in der die Kinder durch ein Museum geführt werden, um für mehr Toleranz sensibilisiert zu werden. Dabei werden einige Wörter vorgeführt, die diskriminierend sein können und auf dessen Einsatz man deshalb lieber verzichten sollte. Zum Entzücken des begeisterten Eric fällt dabei auch das Wort „Nigger".[318] Wie bei der Episode „With Apologies to Jesse Jackson" war hier wohl ebenfalls der pädagogische Kontext entscheidend dafür, dass das Wort unzensiert verwendet werden durfte. Eine andere Rechtfertigung kommt bei den

---

[315] „Clubhouses", TC 00:05:16 (Tonspur: Englisch). In: *South Park: Die Komplette Zweite Season,* Disc 2 (DVD: Paramount Home Entertainment, 2007), [USA; 1998].

[316] Willie Westwood, "Transcript Episode 212 - Clubhouses", auf: *The South Park Scriptorium* (Web: www.spscriptorium.com, ohne Datum).

[317] „Clubhouses", DVD, TC 00:05:16 (Tonspur: Deutsch).

[318] „Death Camp of Tolerance", TC 00:05:25 (Tonspur: Englisch). In: *South Park: Die Komplette Sechste Season,* Disc 2 (DVD: Paramount Home Entertainment, 2008), [USA, 2002].

Episoden „Krazy Kripples"[319] und „Hell on Earth 2006"[320] zum Tragen. In diesen Folgen wird das Wort „Nigger" in der leicht abgewandelten Aussprache „Nigga" als Slang-Ausdruck verwendet, um damit die Zugehörigkeit zur afroamerikanischen Bevölkerung zu demonstrieren. Der Tabubruch war hier wohl nur deshalb möglich, weil das verbotene Wort von Angehörigen der unterdrückten Minderheit selbst eingesetzt wird. So beschreibt auch Randall Kennedy, dass es in einem solchen Kontext durchaus möglich ist, die Restriktionen politischer Korrektheit zu lockern: „Blacks use the term with novel ease to refer to other blacks, even in the presence of those who are not African American."[321]

Insgesamt gibt es also nur vier Episoden, in denen das tabuisierte N-Wort unzensiert fällt. Ganz schön wenig, wenn man bedenkt, dass *South Park* des Öfteren das Thema Rassismus gegen Schwarzen aufgreift. So z.B. auch in der Episode „Here comes the Neighbourhood", die eine Hommage an die Unterdrückung und Verfolgung der schwarzen Bevölkerung in den USA darstellt – nur mit dem Unterschied, dass die Schwarzen in der Folge nicht wegen ihrer Hautfarbe diskriminiert werden, sondern wegen ihres Reichtums. Allerdings wird diese geschickte unterschwellige Anspielung am Ende doch noch ins Gegenteil verkehrt. Denn nachdem es den Einwohnern gelungen ist, sämtliche Schwarze aus South Park zu vertreiben, kommentiert Mr. Garrison diesen Erfolg mit dem Satz: „[...] at least I got rid of all those damn nig"[322] – und hier endet die Episode abrupt. Es ist klar: Mr. Garrison wollte sagen, dass er zumindest die „verdammten Nigger" losgeworden ist. Dass dabei aber nur die erste Silbe dieses politisch nicht korrekten Wortes vorhanden ist, ist kein schlampig ausgeführter Zensureingriff des Senders, sondern war von den Machern intendiert.[323] Im DVD-Kommentar zu dieser Episode geben die beiden Produzenten an, dass sie hart dafür kämpfen mussten, um den Rest des Teams und den Sender von diesem letzten Satz überzeugen zu können. Gleichzeitig führen sie an, dass es erstaunlich viele

---

[319] „Krazy Kripples", TC 00:12:47 (Tonspur: Englisch). In: *South Park: Die Komplette Siebte Season,* Disc 1 (DVD: Paramount Home Entertainment, 2008), [USA, 2003].
[320] „Hell on Earth 2006", TC 00:09:53 (Tonspur: Englisch). In: *South Park: Die Komplette Zehnte Season,* Disc 3 (DVD: Paramount Home Entertainment, 2009), [USA, 2006].
[321] Randall Kennedy, Nigger, S.174.
[322] "Here comes the Neighbourhood", DVD, TC 00:20:49 (Tonspur: Englisch). In: *South Park – Die Komplette Fünfte Season,* Disc 3 (DVD: Paramount Home Entertainment, 2007), [USA, 2001].
[323] Der ursprüngliche Plan der Beiden war es, die Episode mit „Nig" enden zu lassen und die darauf folgende Episode mit Mr. Garrison und einem „ger" zu starten. Letztendlich haben sie aber nur den ersten Teil dieses Planes umgesetzt.

Zuschauer-Reaktionen zu dieser Folge gegeben hat, die sich über diesen letzten Satz beschwert hatten.[324] Nicht auszudenken, welche Reaktionen es gegeben hätte, wenn sie das komplette Wort verwendet hätten.

Es würde jedoch sicher zu kurz greifen wenn man behauptet, dass sich Political Correctness nur auf einzelne Wörter konzentriert. Vielmehr sind in den USA alle Formen rassistischer und von Vorurteilen geprägter Aussagen problematisch. So ist mir bei meiner Recherche ein höchst interessantes Beispiel untergekommen, das möglicherweise ebenfalls auf eine Unterdrückung rassistischer Vorurteile abseits des „Nigger"-Wortes hindeutet. In der Episode „A Million Little Fibers" laufen Vagina und Anus von Oprah Winfrey Amok, weil sie sich von ihrer arbeitswütigen „Besitzerin" vernachlässigt fühlen.[325] Nach einer finalen Schießerei inspiziert die Polizei den Tatort. Dabei sieht man im Hintergrund, wie sich die Polizisten mit einer Frau unterhalten, deren Mund sich zwar bewegt, aber keinen Ton von sich gibt. Allerdings nur in der Originalfassung, denn in der deutschen Synchronversion gibt sie Folgendes zu Protokoll: „Ich kann die Geiselnehmer genau identifizieren, zwei große Schwarze!"[326]. Vielleicht war dieser Satz in der englischen Sprachfassung tatsächlich nicht vorhanden und wurde nur durch eine spontane Idee des deutschen Synchron-Regisseurs frei hinzugedichtet. Es ist jedoch nicht unwahrscheinlich, dass der Satz auch im Original vorhanden war, jedoch auf Anordnung von Comedy Central entfernt wurde. Die tatsächlichen Hintergründe für diesen sehr auffälligen Unterschied konnte ich leider nicht ausforschen. Dennoch ist diese Szene ein erster Beleg dafür, dass man mit solch diskriminierenden und degradierenden Aussagen in Deutschland gelassener und freizügiger umgeht als in den USA.

6.3 Political Correctness im Kontext der kulturellen Vergangenheit

Wie eben aufgezeigt wurde, stellt in den USA vor allem das N-Wort ein großes und fast unüberwindbares Tabuthema dar. Und auch *South Park* muss sich an diese Spielregeln halten. Solche Tabus bilden sich jedoch nicht zufällig, sondern

---

[324] Vgl.: "Here comes the Neighbourhood", DVD, TC 00:02:00 (Tonspur: Audio-Kommentar).
[325] Vgl.: „A Million Little Fibers", in: *South Park: Die Komplette Zehnte Season,* Disc 1 (DVD: Paramount Home Entertainment, 2009), [USA, 2006]. Auf eine verständlichere, inhaltliche Zusammenfassung wurde an dieser Stelle verzichtet, weil die gesamte Episode einen sehr ungewöhnlichen und absurden Handlungsverlauf hat.
[326] „A Million Little Fibers", DVD, TC 00:20:44 (Tonspur: Deutsch).

sie sind eng verknüpft mit der der jeweiligen Gesellschaft, Kultur und Historie eines Landes. In den USA hat sich das Wort „Nigger" vor allem durch die Versklavung und die jahrhundertelange Unterdrückung von Afroamerikanern in der amerikanischen Gesellschaft als moralische Schranke manifestiert. Auch in Deutschland ist der Ausdruck „Neger" nicht ganz unproblematisch, dennoch ist dort die Tabuisierung dieses Wortes bei weitem nicht so ausgeprägt wie in Amerika. Im Folgenden soll diese Behauptung durch eine Gegenüberstellung einiger Szenen der englischen und deutschen Sprachfassung verdeutlicht werden.

Ein hervorragendes Beispiel dafür liefert die Episode „Christian Rock Hard", in der Eric gemeinsam mit Butters und Token eine Band gründen will. Dabei soll Token, ein Afroamerikaner, den Bass spielen – und das, obwohl er dieses Instrument noch nie in seinem Leben in der Hand gehabt hat. Eric sieht darin aber kein wirkliches Problem und kontert Tokens Bedenken mit seinen üblichen rassistischen Klischees:

Eric: You're black. You can play bass.
Token: I'm getting sick of your sterotypes.[327]

Trotz aller Vorurteile, die Eric immer wieder gegenüber Minderheiten äußert, bleibt er an dieser Stelle politisch korrekt und verzichtet auf das Wort „Nigger". Umso bezeichnender ist es deshalb, wie diese kurze Szene ins Deutsche übersetzt wurde:

Eric: Du bist'n Neger und kannst Bass spielen.
Token: Leck mich mit deinen Vorurteilen. [328]

Hier fällt es also, das böse N-Wort. Ganz ohne Notwendigkeit, denn man hätte die betreffende Textzeile auch problemlos mit „Du bist schwarz, du kannst Bass spielen" übersetzen können. Bemerkenswert ist dabei vor allem, dass es sich in dieser Episode um keinen Einzelfall handelt, sondern dass dieses Wort, das in den USA ein striktes Tabu darstellt, in der deutschen Synchronfassung mehrmals zum Einsatz kommt. Wie selbstverständlich begründet Eric zu Beginn der gleichen Episode, warum sein schwarzer Freund eine Bassgitarre im Keller stehen hat: „Your family's black, Token". Im Deutschen wurde diese Aussage mit „Ihr seid Neger, Token" synchronisiert und enthält somit erneut einen verschärften,

---

[327] „Christian Rock Hard", DVD, TC 00:05:25 (Tonspur: Englisch).
[328] „Christian Rock Hard", DVD, TC 00:05:25 (Tonspur: Deutsch).

rassistischen Unterton.[329] Der Gipfel dieser Verschärfungen wird jedoch am Ende der Episode erreicht, als sich die Band schön langsam zerstreitet und Eric den aufgebrachten Token mit den Worten „Relax and enjoy, black asshole" beschimpft. Auch bei dieser Beschimpfung, die ohnehin schon eine rassistische Beleidigung enthält, bleibt die deutsche Synchronfassung ihrer Linie treu und gibt den Satz als „Nur keine Angst, Neger Arschloch" wieder.[330] Diese drei Beispiele zeigen auf der einen Seite, dass *South Park* in der Originalversion durchaus politisch inkorrekt ist und mit verschiedensten Klischees, Vorurteilen und rassistischen Bemerkungen spielt. Dennoch wird es tunlichst vermieden, dabei auch noch das Wort „Nigger" zu verwenden und somit möglicherweise endgültig den Unmut der Zuschauer auf sich zu ziehen. Auf der anderen Seite scheint diese Tabugrenze im deutschen Sprachraum jedoch nicht so fest verankert zu sein – wie sonst lassen sich solche Übersetzungsänderungen erklären?

Man könnte nun vielleicht vermuten, dass es sich bei dieser Episode um einen Einzelfall handelt. Das ist aber keineswegs der Fall, denn es gibt noch weitere Beispiele: In der Episode „The Death of Eric Cartman" wird Eric von Butters damit konfrontiert, dass er für seinen Lebensstil wahrscheinlich in die Hölle kommt – was Eric postwendend mit einem vehementen „I'm not going to heck, Butters. I'm not black, all right?" kontert. In der deutschen Synchronfassung antwortet Eric jedoch mit einem „Ich komme nicht in die Hölle, Butters. Ich bin doch kein Neger."[331] Weitere Beispiele gefällig? In der Episode „Freak Strike" wird ein sehr korpulenter, schwarzer Mann als „incredible obese black person" vorgestellt, während er in der deutschen Fassung als der „dickste Neger, den es gibt" bezeichnet wird.[332] In der Folge „South Park is Gay" beschwert sich Chefkoch über den metrosexuellen Kleidungsstil der Kinder: „Last year you children were trying to be black, and now you all trying to be gay" – Es überrascht wohl nicht mehr, dass auch dieser Satz in der deutschen Fassung das rassistische N-Wort enthält: „Letztes Jahr wolltet ihr alle Neger sein und jetzt macht ihr einen auf schwul."[333]

---

[329] Vgl.: "Christian Rock Hard", TC 00:02:30 (Tonspur: Englisch bzw. Deutsch).

[330] Vgl.: „Christian Rock Hard", TC 00:19:29 (Tonspur: Englisch bzw. Deutsch).

[331] „The Death of Eric Cartman", TC 00:09:38 (Tonspur: Englisch bzw. Deutsch). In: *South Park: Die Komplette Neunte Season,* Disc 2 (DVD: Paramount Home Entertainment, 2008), [USA, 2005].

[332] „Freak Strike", TC 00:14:52 (Tonspur: Englisch bzw. Deutsch). In: *South Park: Die Komplette Sechste Season,* Disc 1 (DVD: Paramount Home Entertainment, 2008), [USA, 2002].

[333] „South Park is Gay", TC 00:04:29 (Tonspur: Englisch bzw. Deutsch). In: *South Park: Die Komplette Siebte Season,* Disc 2 (DVD: Paramount Home Entertainment, 2008), [USA, 2003].

Angesichts der Tatsache, dass die Verwendung des N-Wortes in der Originalversion nur äußerst selten und immer nur im Kontext eines politisch korrekten Statements eingesetzt wird, macht der lockere Gebrauch des Begriffes „Neger" in der deutschen Synchronfassung eines deutlich: Die Tabuisierung dieses Wortes ist im deutschen Sprachraum nicht in diesem Ausmaß ausgeprägt wie es in der amerikanischen Gesellschaft der Fall ist, wo die Vermeidung des Wortes häufig unbewusst und automatisch abläuft.

6.4 Deutschland und das Verhältnis zum Antisemitismus

Aber auch im deutschsprachigen Raum gibt es Themen, die politisch nicht korrekt sind und der Gesellschaft sauer aufstoßen. Ein solches Tabuthema ist schnell gefunden, denn was für die USA die Diskriminierung der Schwarzen ist, ist für die Deutschen die Ermordung der Juden in der NS-Zeit: ein schwarzer Fleck auf der Seele der Nation. So stellt auch der Psychoanalytiker Hartmut Kraft fest, dass sich in Deutschland ein Meidungsgebot für antisemitische Äußerungen herausgebildet hat, bei dessen Bruch man mit einem gesellschaftlichen Aufschrei und einer medialen Schelte rechnen muss.[334] Dieses Tabu spiegelt sich auch bei *South Park* wieder. Denn in der deutschen Fassung wird bei weitem nicht so locker mit antisemitischen Äußerungen um sich geworfen wie beispielsweise mit dem Wort „Neger". So lassen sich vor allem bei dieser Thematik sehr viele Zensurfälle finden, die im Zuge des Synchronisationsprozesses vollzogen wurden und von denen die Produzenten und Verantwortlichen in den USA wohl nie etwas erfahren werden.

Eine Zensur antisemitischer Äußerungen zeigt sich bereits bei den frühen Episoden der ersten Staffel. In der Folge „Big Gay Al's Big Gay Boat Ride" wird Kyle als Quarterback für das Schulteam eingesetzt. Die Zuschauer sind empört, denn eigentlich ist Stan der Starquarterback der Football-Mannschaft. Deshalb wird Kyles Einwechslung von Mr. Garrison folgendermaßen kommentiert: „Why the hell is that little Jewish kid playing quarterback?".[335] Ja, diese Frage degradiert Kyle einzig und alleine auf seine Religion. Nein, im Grunde ist diese Aussage nicht wirklich offensiv antisemitisch. Dennoch wurde der jüdische Bezug im Deutschen

---

[334] Vgl.: Hartmut Kraft, "Nigger und Judensau", S.270ff.
[335] „Big Gay Al's Big Gay Boat Ride", DVD, TC 00:15:38 (Tonspur: Englisch).

komplett entfernt und mit „Wieso darf dieser kleine Zwergpinscher Quarterback spielen?" übersetzt.[336]

Wenige Minuten später fällt jener Satz, der mich letztendlich auch zu dieser Arbeit inspiriert hat: Kyle bekommt den Ball und läuft um sein Leben, um einen Touchdown zu erzielen. Der Stadionsprecher des Spiels kommentiert diese Szene mit folgenden Worten:

> Kommentator: And he throws it to Kyle, the little Jewish kid! Oh, my! I haven't seen a Jew run like that since Poland, 1938.[337]

Ein heftiger Vergleich, der vom Co-Kommentator des Spiels sofort mit einer Rüge bedacht wird und somit andeutet, dass eine solche Aussage auch in den USA durchaus an die Grenze des guten Geschmacks bzw. der politischen Korrektheit stößt. In Deutschland hat dieser Satz die Grenze jedoch eindeutig überschritten und wurde dementsprechend durch folgenden Satz ersetzt:

> Kommentator: Und er wirft ihn zu Kyle, dem kleinen, jüdischen Jungen. Oh, Mann! Das letzte Mal wo ein Kind so schnell gerannt ist war ′87 bei der Schlacht um den Pickelbrei-Cup.[338]

In der deutschen Synchronfassung wurde also die deftige Anspielung auf die Judenverfolgung in der NS-Zeit durch ein unverfängliches und frei erfundenes Ereignis ausgetauscht. Ein ähnlich spektakuläres Beispiel liefert auch die Episode „Death". In dieser Folge beleidigt Eric die Mutter von Kyle mit den Worten „Kyle's mom is a dirty Jew".[339] In der deutschen Synchronfassung wurde das Wort „Jude" allerdings in der gleichen Art und Weise zensiert wie in der Originalfassung normalerweise nur vulgäre Ausdrücke unterdrückt werden: Es wurde mit einem Beep-Ton ausgeblendet. Der deutsche Satz lautet demnach „Kyle's Mutter ist ne <beep> Nutte!"[340] Es lässt sich zwar nicht genau feststellen, ob sich hinter dem Beep-Ton tatsächlich das Adjektiv „jüdische" verbirgt, denn der Satzaufbau würde z.B. auch andere Wörter wie „scheiß" oder „verdammte" zulassen. Das ändert aber nichts an der Tatsache, dass der Beep-Ton sicherlich durch die jüdische Beschimpfung motiviert war, die im Original enthalten ist. Mir ist in den ersten 13 Staffeln keine andere Szene bekannt, bei der ein Beep-Ton in der deutschen Synchronfassung eingesetzt wurde, obwohl im Original kein Beep-Ton vorhanden

---

[336] „Big Gay Al's Big Gay Boat Ride", DVD, TC 00:15:38 (Tonspur: Deutsch).
[337] „Big Gay Al's Big Gay Boat Ride", DVD, TC 00:21:28 (Tonspur: Englisch).
[338] „Big Gay Al's Big Gay Boat Ride", DVD, TC 00:21:28 (Tonspur: Deutsch).
[339] „Death", DVD, TC 00:04:44 (Tonspur: Englisch).
[340] „Death", DVD, TC 00:04:44 (Tonspur: Deutsch).

ist. Dass dieser einmalige Vorfall gerade eine antisemitische Äußerung betrifft, ist dabei bestimmt kein Zufall und verdeutlicht umso mehr, dass Antisemitismus nach wie vor ein großes Tabuthema im deutschen Sprachraum darstellt.

Es gibt noch viele weitere Szenen in der Serie, bei denen antisemitische Aussagen der Originalfassung in der deutschen Synchronfassung entscheidend verändert wurden. Im Anhang 2 sind all jene Fälle dokumentiert, bei denen eine solche Zensur im Zuge der Synchronisation erkennbar ist. Auffallend ist dabei, dass in der ersten Staffel fast alle Anspielungen entfernt wurden. Aber bereits gegen Ende der ersten Staffel wurden einige antisemitische Seitenhiebe von Eric Cartman, die noch relativ harmlos sind, auch in der deutschen Synchronfassung beibehalten. Richtig offensiv und politisch inkorrekt wird Eric erst ab der 5. Staffel, hier wurden in der deutschen Fassung auch tatsächlich alle antisemitischen Anspielungen konsequent entfernt. Zu dieser Zeit war noch der Fernsehsender RTL der Auftraggeber der Synchronisation – gut möglich, dass die Verantwortlichen mit dieser Selbstzensur öffentlichen Debatten und möglichen Problemen aus dem Weg gehen wollten. Erst ab der 7. Staffel wurden auch schärfere Ausdrücke wie „Ihr Judenärsche habt Weihnachten mal wieder ruiniert!"[341] richtig übersetzt. Ab der 8. Staffel, als die Sendergruppe MTV Networks Germany die Rechte an der Serie übernommen hat und somit auch die Synchronisation in Auftrag gegeben hat, erkennt man einen deutlichen Unterschied in der Handhabung antisemitischer Aussagen. Denn ab dieser Staffel konnte ich keinen einzigen Fall mehr ausfindig machen, bei dem antisemitische Anspielungen unterdrückt wurden.

Dies liegt aber sicher nicht daran, dass die Tonalität des Originals nachgelassen hat – einige ausgewählte Beispiele sind im Anhang 3 angeführt – sondern vielmehr am Image und Konzept des Senders selbst. „Wir provozieren gerne, wir kratzen auch gerne mal an Tabus. Das sind Kernwerte unserer Marke", brachte es der ehemalige MTV-Programmchef Elmar Giglinger im Jahr 2006 auf den Punkt.[342] Ein gutes Beispiel dafür ist in der Episode „Hell on Earth 2006" zu finden, in der Kyle von Eric als feiges Huhn geneckt wird. Dabei imitiert er in der

---

[341] „It's Christmas in Canada", TC 00:05:55 (Tonspur: Englisch bzw. Deutsch). In: *South Park: Die Komplette Siebte Season,* Disc 3 (DVD: Paramount Home Entertainment, 2008), [USA, 2003].
[342] Peter Hasenberg, "Verletzte Gefühle, erhitzte Debatten: Die Auseinandersetzung um Popetown aus kirchlicher Sicht", S.74. In: *TV-Diskurs: Verantwortung in audiovisuellen Medien, Nr. 37* (Baden-Baden: Nomos, 03/2006), S.74-77.

englischen Originalfassung die Laute eines Huhns, während er im Deutschen ein „Angsthase, Judennase" von sich gibt, das in diesem Zusammenhang eigentlich gar nicht zu den Bewegungen passt, die Eric bei seiner Huhn-Imitation macht.[343] Hierbei handelt es sich um einen außergewöhnlichen und für die Serie einzigartigen „Übersetzungsfehler", bei dem die Schranken der Political Correctness ausgehebelt wurden und in der deutschen Fassung eine antisemitische Äußerung frei hinzu erfunden wurde. Aber ist dieser Wandel in der Serie gleich ein Indiz dafür, dass der Umgang mit antisemitischen Äußerungen in Deutschland mittlerweile etwas lockerer gehandhabt wird?

Zumindest bei der Serie *South Park* scheint es so. Allerdings zeigt bereits ein kurzer Blick auf andere Programme des Senders Comedy Central Germany, der zur MTV-Sendergruppe gehört, dass Zensurmaßnahmen bei antisemitischen Äußerungen nach wie vor präsent sind. So wurden im Jahr 2010 in der deutschen Synchronfassung der Show *The Roast of David Hasselhoff* einige antisemitische Witze entfernt, die den Synchronisationsverantwortlichen des Senders anscheinend doch zu heftig waren. Beispielsweise wurde die folgende Aussage der US-Komikerin Lisa Lampanelli in der deutschen Sprachfassung komplett entfernt: „David, your singing is huge in Germany. If they'd played your music at Auschwitz, the Jewish would have sprinted for those ovens!"[344] Darüber hinaus wurde auch eine „humoristische" Holocaust-Anspielung des Komikers Jeff Ross, in der die Popularität von David Hasselhoff in Deutschland hinterfragt wird, im Zuge der Synchronisation inhaltlich stark verändert:

> Jeff Ross: Why do the Germans love you so much? Maybe it's because you fill the entertainment void left by Anne Frank. [Anm: kurze Lachpause mit leicht empörtem Gelächter aus dem Publikum] Too soon?[345]

---

[343] Vgl.: „Hell on Earth 2006", TC 00:03:26 (Tonspur: Englisch bzw. Deutsch). In: *South Park: Die Komplette Zehnte Season,* Disc 3 (DVD: Paramount Home Entertainment, 2009), [USA, 2006].
[344] Vgl.: Joel Gallen, *Comedy Central Roast of David Hasselhoff* (USA: Comedy Central, TV-Aufzeichnung vom 15.08.2010), TC 00:11:10. Bei der Ausstrahlung der deutschen Synchronfassung fehlt diese Szene vollständig. Vgl.: Joel Gallen, *Comedy Central Roast of David Hasselhoff* (Deutschland: Comedy Central, TV-Aufzeichnung vom 30.09.2010), TC 00:11:40. Werbeunterbrechungen wurden bei den Timescodes nicht eingerechnet. Die Timecodes zwischen US-Aufzeichnung und der Deutschland-Ausstrahlung unterscheiden sich deshalb, weil die Werbeunterbrechungen in den USA durch Werbebumper umrahmt werden, die Vorschauen bzw. Rückblicke auf die Show geben. Diese wurden für die deutsche Ausstrahlung entfernt.
[345] Gallen, *Comedy Central Roast of David Hasselhoff*, TV-Aufzeichnung USA, TC 00:23:11.

Jeff Ross: Wieso bist du in Deutschland eigentlich so beliebt? Vielleicht weil du Angela Merkel so ähnlich siehst? [Anm: kurze Lachpause mit leicht empörtem Gelächter aus dem Publikum] Zu platt?[346]

Die Reaktion des Publikums zeigt uns, dass diese Art von Humor selbst in den USA nicht unproblematisch zu sein scheint. Dennoch liegt die Aussage dort in einem Grenzbereich, der zwar politisch nicht korrekt ist, aber im Umfeld einer Comedy-Show noch nicht die Tabugrenze erreicht. Für deutsche Verhältnisse wurde der zulässige Grenzbereich jedoch offensichtlich überschritten. Und so lässt sich auch die Rechtfertigung der Pressesprecherin von Comedy Central Germany verstehen, die gegenüber dem Online-Portal News.de angegeben hat, dass man „im Hinblick auf einen angemessenen Umgang mit der deutschen Geschichte" diese zwei Szenen entfernt bzw. geändert habe.[347] Der gelockerte Umgang mit antisemitischen Äußerungen, der bei *South Park* in Laufe der Jahre auszumachen ist, gilt demnach also (noch) nicht für andere Sendungen.

6.5 Zwischenresümee

Zusammenfassend kann man festhalten, dass auch kulturell geprägte Tabuthemen, die sich in der heutigen Gesellschaft besonders unter dem Schlagwort Political Correctness zeigen, Einfluss auf *South Park* haben – und das trotz des tabulosen Images, das sich die Serie im Laufe der Jahre aufgebaut hat. So wird in der Originalfassung beispielsweise auf den Gebrauch des Wortes „Nigger" weitestgehend verzichtet. Eine Verwendung des Ausdrucks scheint nur im Ausnahmefall und auch dann nur im richtigen Kontext möglich zu sein. Ähnliches gilt für das Wort „Fag", bei dem sich die kulturellen Restriktionen jedoch im Laufe der Jahre gelockert haben. Möglicherweise ist in dieser Aufweichung tatsächlich ein sozialer Wandel erkennbar. Immerhin hat die gesellschaftliche Akzeptanz von Homosexuellen in den letzten Jahren stark zugenommen – und somit gehört diese Gruppe nur noch bedingt zu den Unterdrückten der Gesellschaft, für die sich die Political Correctness im Grunde stark macht.

---

[346] Gallen, *Comedy Central Roast of David Hasselhoff*, TV-Aufzeichnung Deutschland, TC 00:22:31.
[347] Vgl.: Ronny Janke, "Wirbel um Kultstar: Hasselhoff und der Hitler-Vergleich", auf: *News.de* (Web: www.news.de, 30.09.2010).

In diesem Kapitel hat sich außerdem gezeigt, wie stark sich die kritischen Themen politischer Korrektheit von Land zu Land unterscheiden können. Denn während das Wort „Nigger" in der englischen Originalfassung nur im richtigen Kontext zum Einsatz gekommen ist, findet man in der deutschen Synchronfassung einige Stellen, in denen das Wort „Neger" frei hinzugedichtet wurde. Im Gegensatz dazu wurden viele antisemitische Äußerungen, die im Original häufig zu finden sind, in der deutschen Fassung oftmals zensiert und verändert. Ab der achten Staffel wurden antisemtische Aussagen allerdings auch in der deutschen Sprachfassung konsequent beibehalten. Ob jedoch auch diese Lockerung gleich auf einen Wandel in der Gesellschaft hindeutet, ist fraglich. Vielmehr dürfte wohl das Image der Serie als tabubrechende Instanz der Hauptgrund dafür sein, warum dieses historisch geprägte Meidungsgebot, das im deutschen Sprachraum nach wie vor aufrecht zu sein scheint, überschritten werden durfte. So hebt auch Trey Parker hervor, dass das Publikum der "Marke" *South Park* mehr satirischen Spielraum zugesteht, als es bei anderen Serien der Fall sei: „We created a brand for ourselves, so that now people can't get mad at what we do [...] people say, ,Oh, yeah, that's just *South Park*'."[348] Wie wir gesehen haben, scheint diese Maxime aber sogar bei *South Park* nicht uneingeschränkt gültig zu sein.

---

[348] Poniewozik, "10 Questions for Matt Stone and Trey Parker", Web.

7 Fazit und Ausblick

Ausgangspunkt dieser Arbeit war die Fragestellung, ob – und wenn ja – bei welchen Themen und aus welchen Gründen die Serie *South Park* durch Zensurmaßnahmen entschärft wurde. Dabei hat sich zunächst gezeigt, dass die Serie durch ihr schonungsloses und tabubrechendes Konzept durchaus großes Potential für solche Unterdrückungsmechanismen bieten würde. Dennoch wurde in vielen wissenschaftlichen Arbeiten festgestellt, dass Zensurmaßnahmen bei *South Park* nur eine untergeordnete Rolle spielen würden. Lediglich in den Richtlinien der *Standards & Practices*, in denen der Sender Comedy Central bestimmt, welche Inhalte ausgestrahlt werden dürfen und welche nicht, wurden restriktive Bestimmungen verortet.[349]

Im Verlauf dieser Arbeit hat sich tatsächlich bestätigt, dass Zensurmaßnahmen bei *South Park* in erster Linie durch den Sender selbst vorgenommen werden. Besonders deutlich wird dies beim Einsatz der Beep-Töne, die vom Sender eingebaut werden, um vulgäre Ausdrücke wie „Fuck" oder „Shit" unkenntlich zu machen. Ein restriktives Verhalten konnte aber auch in anderen Bereichen ausfindig gemacht werden, so z.B. bei sexuellen Darstellungen, bei der Abbildung des muslimischen Propheten Mohammed oder bei Aussagen und Phrasen, die von der Gesellschaft als politisch nicht korrekt angesehen werden. Trotz Gegenwehr mussten sich die Produzenten von *South Park* bei diesen Zensurfällen letztendlich den Vorgaben und Richtlinien von Comedy Central beugen.

In dieser Arbeit hat sich aber auch gezeigt, dass die *Standards & Practices* des Senders keineswegs nur durch die moralischen, religiösen oder politischen Vorstellungen der Senderverantwortlichen festgelegt werden, sondern auch das Produkt äußerer Faktoren sind. Einerseits prägen die gesetzlichen Vorgaben den Umgang mit Sexualität, vulgären Ausdrücken und mit Abstrichen auch Gewalt – und obwohl Comedy Central als Kabelsender mehr Freiheiten haben würde, hält man sich dennoch auch an jene Richtlinien, die de facto nur für das öffentliche US-Fernsehen gelten. Andererseits versuchen religiöse Interessensgruppen den Sender durch öffentliche Proteste, geschickte Lobbyarbeit und sogar physische Drohungen unter Druck zu setzen, um dadurch religionskritische Inhalte zu

---

[349] Vgl.: Johnson-Woods, *Blame Canada*, S.82f.

unterbinden. Last but not least hat auch die Werbewirtschaft ein entscheidendes Mitspracherecht bei den inhaltlichen Vorgaben. All diese Ebenen tragen dazu bei, dass sich die Macher von *South Park*, wenn auch nur in Einzelfällen, ein Blatt vor den Mund nehmen müssen.

Dabei präsentieren sich die Zensurmaßnahmen jedoch nur selten so offensichtlich wie bei den Schimpfwörtern, die durch einen Beep-Ton unterdrückt werden, oder wie beim „Fall Mohammed", bei dem die Abbildung und sogar die Erwähnung des muslimischen Propheten zensiert wurde. Oftmals laufen inhaltliche Einschränkungen versteckt, möglicherweise sogar unbewusst ab. So haben sich bei *South Park* besonders auf der kulturellen Ebene Unterdrückungsmechanismen gezeigt, die zwar auf den ersten Blick nicht als Zensurmaßnahmen wahrnehmbar sind, aber dennoch als inhaltliche Restriktionen eingestuft werden können. Dabei stellt vor allem ein politisch korrekter Umgang bei Themen wie Rassismus, Sexismus oder Antisemitismus eine Schranke dar, der sich auch die Produzenten der Serie teilweise beugen müssen. Allerdings bleibt es dabei offen, ob diese Form der Zensur bzw. Selbstzensur bewusst geschieht, oder durch die gesellschaftliche Sozialisierung so tief in den Köpfen der Produzenten verankert ist, dass sie letztendlich unbewusst abläuft.

Die vorliegende Arbeit erfasst jedoch nur die Oberfläche der zensorischen Maßnahmen bei *South Park*, denn es gibt noch eine Reihe weiterer Bereiche, in denen man einschränkende Maßnahmen bei der Serie aufstöbern kann. Unter anderem würde die *Syndicated Version* von *South Park* ein interessantes Untersuchungsobjekt darstellen. Dabei handelt es sich um Fassungen, die für die Zweitverwertung der Serie im öffentlichen US-Fernsehen (*Public Broadcast*) erstellt werden und mitunter auch zensiert werden. So werden Ausdrücke wie „goddamn" bei diesen Fassungen konsequent entfernt: „You won't see visuals of Kenny's shrinking hemorrhoid or hear the Lord's name attached to any ‚-damned' expletives" sagt Mort Marcus, der sich für die Anpassung der Serie an die Richtlinien der FCC verantwortlich zeichnet.[350]

Man könnte sich aber auch mit der Zensur in anderen Ländern wie Russland, Mexiko oder Neuseeland auseinandersetzen, für die ich im Zuge meiner

---

[350] Tim Nudd, "Cleaning up 'South Park' for syndication", auf: *ADWeek* (Web: www.adweek.com, 19.09.2005).

Recherche zwar ebenfalls Zensurbeispiele gefunden habe, bei denen jedoch ein zuverlässiger Quellennachweis ungleich schwerer ist als bei der Originalfassung. Auch eine eingehendere Beschäftigung mit der deutschen Synchronfassung wäre denkbar gewesen. Denn neben der Zensur antisemitischer Äußerungen, auf die in dieser Arbeit eingegangen wurde, würde es noch weitere Bereiche geben, bei denen inhaltliche Veränderungen im Zuge des Synchronisationsprozesses vorgenommen wurden. So war vor allem bei religiösen und nationalsozialistischen Themen ein zensorisches Muster erkennbar. Eine eingehendere Beschäftigung mit diesen Themen hätte jedoch leider den Rahmen dieser Arbeit gesprengt. An der Vielzahl weiterer möglicher Zensurbereiche lässt sich allerdings dennoch erkennen, wie präsent das Thema Zensur nach wie vor ist – und das trotz aller Freiheiten, die in westlichen Staatsgefügen gesetzlich zugesichert werden.

8 Quellenangaben

8.1 Bibliographie

Albig, William. *Modern Public Opinion* (New York: McGraw-Hill, 1956).

Angerer, Tina. "We are not amused". In: *Der Tagesspiegel* (Berlin: Der Tagesspiegel, 07.09.1999), S. 35.

Arp, Robert. (Hg.), *South Park and Philosophy: You know, I learned something today* (Malden: Blackwell Publishing, 2007).

Battistella, Edwin L. *Bad Language: Are some words better than others?* (Oxford: Oxford Univ. Press, 2005).

Bednarz, Dieter, Manfred Ertel [u.a.]. "Tage des Zorns". In: *Der Spiegel* (Hamburg: SPIEGEL-Verlag Rudolf Augstein, Ausgabe 6/2006), S. 88-105.

Berger, Peter L. *Erlösendes Lachen: Das Komische in der menschlichen Erfahrung* (Berlin: de Gruyter, 1998).

Berkmann, Burkhard J. *Von der Blasphemie zur 'hate speech'? Die Wiederkehr der Religionsdelikte in einer religiös pluralen Welt* (Berlin: Frank & Timme, 2009).

Blackmer, W. Scott. "Telekommunikations- und Medienrecht in den USA". In: *Schriftenreihe Kommunikation & Recht, Band 5* (Heidelberg: Verl. Recht und Wirtschaft, 2000), S. 1-195.

Bossniak-Jirku, Isabella. „Zensurwesen in Österreich: Die Zensurfreiheit und die Garantien der Meinungs- und Kunstfreiheit", Diss. (Salzburg: Universität Salzburg, Institut für Rechtsphilosophie, 1995).

Breuer, Dieter. *Geschichte der literarischen Zensur in Deutschland* (Heidelberg: Quelle & Meyer, 1982).

Brockhaus-Enzyklopädie, Band 21, PARAL–POS, 21. Auflage (Leipzig: Brockhaus, 2006).

Brockhaus-Enzyklopädie, Band 30, WETZ-ZZ, 21. Auflage (Leipzig: Brockhaus, 2006).

Budich, Martin. "Gotteslästerung: Vom Ausschneiden der Zunge bis zur Selbstzensur. Zur Geschichte eines 'Frevels'". In: Clara Reinsdorf und Paul Reinsdorf (Hg.), *Zensur im Namen des Herrn: Zur Anatomie des Gotteslästerungsparagraphen* (Aschaffenburg: Alibir, 1997), S. 11-24.

Buruma, Ian. *Die Grenzen der Toleranz: Der Mord an Theo van Gogh* (München: Carl Hanser Verlag, 2006).

Clotworthy, William G. *Saturday Night Live: Equal Opportunity Offender. The Uncensored Censor* (Bloomington: AuthorHouse, 2001).

Cohen, Carl F. *Forbidden Animation: Censored Cartoons and Blacklisted Animators in America* (Jefferson: McFarland & Company, 1997).

Davis, Carl L. "Bill of Rights", S. 95. In: Archie McDonald (Hg.), *Encyclopedia USA: The Encyclopedia of the United States of America, Past and Present, Volume 6, Ben - Bon* (Gulf Breeze: Academic International Press, 1985), S. 95f.

Debatin, Bernhard. *Der Karikaturenstreit und die Pressefreiheit: Wert- und Normenkonflikte in der globalen Medienkultur* (Berlin: Lit-Verl., 2007).

Duden Oxford - Großwörterbuch Englisch, 3. Auflage (Mannheim: Dudenverlag, 2005).

Enzensberger, Hans Magnus. "Über Zensur und Selbstsensur". In: Hermann Glaser (Hg.), *Bundesrepublikanisches Lesebuch: Drei Jahrzehnte geistiger Auseinandersetzung* (München, Wien: Hanser, 1978), S. 649-655.

European Commission for Democracy through Law (Hg.), *Science and Technique of Democracy No. 47: Blasphemy, insult and hatred. Finding answers in a democratic society* (Strassburg: Council of Europe Publishing, 2010).

Freud, Sigmund. *Der Witz und seine Beziehung zum Unbewußten* (Frankfurt a.M.: Fischer, 1958) [Orig. 1905].

Gardner, Gerald. *The Censorship Papers: Movie Censorship Letters from the Hays Office, 1934 to 1968* (New York: Dodd, Mead, 1987).

Gillespie, Nick und Jesse Walker. "South Park Libertarians: Trey Parker and Matt Stone on liberals, conservatives, censorship, and religion", S. 63. In: *Reason: Free Minds and Free Markets* (Los Angeles: Reason Foundation, Nr. 38.7/Dezember 2006), S. 58–69.

Gournelos, Ted. "Blasphemous Allusion: Coming of Age in *South Park*". In: *Journal of Communication Inquiry* (Thousand Oaks, Kalifornien: SAGE Publications, Volume 33/Number 2/2009), S. 143-168.

Green, Jonathon und Nicholas J. Karolides (Hg.), *Encyclopedia of Censorship: New Edition* (New York: Facts On File, 2005).

Habel, Frank-Burkhard. *Zerschnittene Filme: Zensur im Kino* (Leipzig: Kiepenheuer, 2003).

Hanley, Richard. (Hg.), *South Park and Philosophy: Bigger, Longer, and More Penetrating* (Peru, Illinois: Carus Publishing, 2007).

Hasenberg, Peter. "Verletzte Gefühle, erhitzte Debatten: Die Auseinandersetzung um Popetown aus kirchlicher Sicht". In: *TV-Diskurs: Verantwortung in audiovisuellen Medien, Nr. 37* (Baden-Baden: Nomos, 03/2006), S. 74-77.

Heeß, Jutta. "Toller als die Simpsons". In: *taz. die tageszeitung* (Berlin: taz, 28.09.1999), S. 5.

Hesselberger, Dieter. *Das Grundgesetz: Kommentar für die politische Bildung*, 9. Aufl. (Bonn: Bundeszentrale für politische Bildung, 1995).

Johnson-Woods, Toni. *Blame Canada! South Park and Popular Culture* (New York: continuum, 2007).

Kennedy, Randall. *Nigger: The Strange Career of a Troublesome Word* (New York: Pantheon Books, 2002).

Kousouni, Afroditi. *Die Zensur im Fernsehen im Rahmen der deutschen und der griechischen Rechtsordnung* (Hamburg: Verlag Dr. Kovac, 2005).

Kraft, Hartmut. "Nigger und Judensau: Tabus heute". In: Claudia Benthien u. Ortrud Gutjahr (Hg.), *Tabu: Interkulturalität und Gender* (München: Fink, 2008), S.261-273.

Maiwald, Klaus-Jürgen. *Filmzensur im NS-Staat* (Dortmund: Nowotny, 1983).

McDonald, Stef. "25 shocking Secrets you need to know about South Park", in: *TV Guide, Nov. 28-Dec. 4* (Lancaster: TV Guide Magazine, Nr. 28/1998], S. 22-25.

McEnery, Tony. "Bad Language". In: Jonathan Culpeper (Hg.), *English Language: Description, Variation and Context* (Basingstoke: Palgrave Macmillan, 2009), S. 564-575.

Meier, Urs. "Meinungsfreiheit hat Vorrang: Geschürte Konflikte und falsche Diskussionen um die Mohammed-Karikaturen". In: Bernhard Debatin, Der Karikaturenstreit und die Pressefreiheit: Wert- und Normenkonflikte in der globalen Medienkultur (Berlin: Lit-Verl., 2007), S. 29-34.

Nordbruch, Claus. *Sind die Gedanken noch frei? Zensur in Deutschland* (München: Universitas, 1998).

Ohne Autor. "Isaac Hayes Leaves 'South Park': Cites Religious Reasons", in: *JET, Vol. 109, No. 13* (Boulder: Johnson Publishing Company, 03.04.2006), S. 34f.

Onneken, Peter und Dietmar Pieper. "Rabiate Zyniker", S. 104. In: *Der Spiegel* (Hamburg: Spiegel-Verlag Rudolf Augstein, *Ausgabe 33/1999*), S. 104-105.

Otto, Ulla. *Die literarische Zensur als Problem der Sozilogie der Politik* (Stuttgart: Ferdinand Enke Verlag, 1968).

Otto, Ulla. "Zensur: Schutz der Unmündigen oder Instrument der Herrschaft?". In: *Publizistik: Zeitschrift für die Wissenschaft von Presse - Rundfunk - Film - Rhetorik - Öffentlichkeitsarbeit - Werbung - Meinungsbildung. (13. Jahrgang, Heft 1*, 1968), S. 5-15.

Pollard, Tom. *Sex and Violence: The Hollywood Censorship Wars* (Boulder: Paradigm Publ., 2009).

Rosiny, Stephan. "Der beleidigte Prophet: Religiöse und politische Hintergründe des Karikaturenstreits". In: Bernhard Debatin, *Der Karikaturenstreit und die Pressefreiheit:Wert- und Normenkonflikte in der globalen Medienkultur* (Berlin: Lit-Verl., 2007), S. 103-115.

Savage, William J. „So Television's Responsible! Oppositionality and the Interpretive Logic of Satire and Censorship in The Simpsons and South Park.". In: John Alberti, Leaving Springfield: The Simpsons and the Possibility of Oppositional Culture (Detroit: Wayne State Univ. Press , 2004), S. 197 – 224.

Schröder, Hartmut. "Zur Kulturspezifik von Tabus: Tabus und Euphemismen in interkulturellen Kontaktsituationen". In: Claudia Benthien u. Ortrud Gutjahr (Hg.), Tabu: Interkulturalität und Gender (München: Fink, 2008), S.51-70.

Seim, Roland. "Kirche - Kunst - Kontrolle: Eine unheilige Trinität". In: Clara Reinsdorf und Paul Reinsdorf (Hg.), Zensur im Namen des Herrn: Zur Anatomie des Gotteslästerungsparagraphen (Aschaffenburg: Alibir Verlag, 1997), S. 25-66.

Stapf, Ingrid. "Zwischen First Amendment und 'public interest': Die Regulierung des Rundfunks in den USA im Hinblick auf Jugendschutz". In: TV-Diskurs: Verantwortung in audiovisuellen Medien, Nr. 38 (Baden-Baden: Nomos, 04/2006,), S. 4-7.

Stein, Gordon (Hg.), The Encyclopedia of Unbelief (Amherst, NY: Prometheus Books, 1985).

Tieber, Claus. Schreiben für Hollywood: das Drehbuch im Studiosystem (Wien: Lit-Verlag, 2008)

Tucholsky, Kurt. "Der liebe Gott in Kassel". In: Kurt Tucholsky: Gesammelte Werke in zehn Bänden, Band 4 (Reinbek bei Hamburg: Rowohlt, 1975), S. 540-543.

von Gottberg, Joachim. "Vorsicht bei Gewalt, keine Angst bei Sex: Gespräch mit Cornelius Crans". In TV-Diskurs: Verantwortung in audiovisuellen Medien, Nr. 2 (Baden-Baden: Nomos, 02/1997). S. 28-33.

Weinstock, Jeffrey A. (Hg.), Taking South Park Seriously (New York: State University of New York Press, 2008).

Weinstock, Jeffrey A. "'Simpsons did it': South Park as Differential". In: Jeffrey A. Weinstock (Hg.), Taking South Park Seriously (New York: State University of New York Press, 2008), S. 79-96.

Wurzenberger, Gerda. "'South Park' - eine Medienseifenblase". In: *Neue Zürcher Zeitung* (Zürich: Neue Zürcher Zeitung , 25.09.1999), S. 79.

8.2 Mediographie

Gallen, Joel. *Comedy Central Roast of David Hasselhoff* (USA: Comedy Central, TV-Aufzeichnung vom 15.08.2010).

Gallen, Joel. *Comedy Central Roast of David Hasselhoff* (Deutschland: Comedy Central, TV-Aufzeichnung vom 30.09.2010).

Parker, Trey und Matt Stone. *South Park - Der Film: Grösser, länger & ungeschnitten* (DVD: Warner Home Video, 2000), [USA, 1999].

Parker, Trey und Matt Stone. *South Park: Die Komplette Vierzehnte Staffel* (DVD: Paramount Home Entertainment, 2011), [USA, 2010].

„200". In: *South Park: The Complete Fourteenth Season,* Disc 1 (DVD: Paramount Home Entertainment, 2011), [USA, 2010].

„201". In: *South Park: The Complete Fourteenth Season,* Disc 2 (DVD: Paramount Home Entertainment, 2011), [USA, 2010].

„A Million Little Fibers". In: *South Park: Die Komplette Zehnte Season,* Disc 1 (DVD: Paramount Home Entertainment, 2009), [USA, 2006].

„About Last Night". In: *South Park: Die Komplette Zwölfte Season*, Disc 2 (DVD: Paramount Home Entertainment, 2009), [USA, 2008].

„An Elephant makes love to a Pig". In: *South Park: Die Komplette Erste Season,* Disc 2 (DVD: Paramount Home Entertainment, 2007), [USA, 1997].

„Big Gay Al's Big Gay Boat Ride". In: *South Park: Die Komplette Erste Season,* Disc 1 (DVD: Paramount Home Entertainment, 2007), [USA, 1997].

„Bloody Mary". In: *South Park: Die Komplette Neunte Season,* Disc 3 (DVD: Paramount Home Entertainment, 2008), [USA, 2005].

„Cartman gets an anal probe". In: *South Park: Die Komplette Erste Season*, Disc 1 (DVD: Paramount Home Entertainment, 2007), [USA, 1997].

"Cartman sucks". In: *South Park: Die Komplette Elfte Season,* Disc 1 (DVD: Paramount Home Entertainment, 2009), [USA, 2007].

„Cartoon Wars, Part 1". In: *South Park: Die Komplette Zehnte Season,* Disc 1 (DVD: Paramount Home Entertainment, 2009), [USA, 2006].

„Cartoon Wars, Part 2". In: *South Park: Die Komplette Zehnte Season,* Disc 1 (DVD: Paramount Home Entertainment, 2009), [USA, 2006]

„Casa Bonita". In: *South Park: Die Komplette Siebte Season*, Disc 3 (DVD: Paramount Home Entertainment, 2008), [USA, 2003].

„Christian Rock Hard". In: *South Park: Die Komplette Siebte Season,* Disc 2 (DVD: Paramount Home Entertainment, 2008), [USA, 2003].

„Clubhouses". In: *South Park: Die Komplette Zweite Season,* Disc 2 (DVD: Paramount Home Entertainment, 2007), [USA; 1998].

„Death". In: *South Park: Die Komplette Erste Season,* Disc 2 (DVD: Paramount Home Entertainment, 2007), [USA, 1997].

„Death Camp of Tolerance". In: *South Park: Die Komplette Sechste Season,* Disc 2 (DVD: Paramount Home Entertainment, 2008), [USA, 2002].

„Fantastic Easter Special". In: *South Park: Die Komplette Elfte Season,* Disc 1 (DVD: Paramount Home Entertainment, 2009), [USA, 2007).

„Fat Butt and Pancake head", in: *South Park: Die Komplette Siebte Season,* Disc 1 (DVD: Paramount Home Entertainment, 2008), [USA, 2003].

"Fat Camp". In: *South Park: Die Komplette Vierte Season,* Disc 3 (DVD: Paramount Home Entertainment, 2008). [Orig. 2000].

"Follow that egg". In: *South Park: Die Komplette Neunte Season,* Disc 2 (DVD: Paramount Home Entertainment, 2008), [USA, 2005).

„Freak Strike". In: *South Park: Die Komplette Sechste Season,* Disc 1 (DVD: Paramount Home Entertainment, 2008), [USA, 2002].

„Good Times with Weapons". In: *South Park: Die Komplette Achte Season*, Disc1, (DVD: Paramount Home Entertainment, 2008), [USA, 2004].

„Hell on Earth 2006". In: *South Park: Die Komplette Zehnte Season,* Disc 3 (DVD: Paramount Home Entertainment, 2009), [USA, 2006).

"Here comes the Neighbourhood". In: *South Park – Die Komplette Fünfte Season,* Disc 3 (DVD: Paramount Home Entertainment, 2007), [USA, 2001].

"It's Christmas in Canada". In: *South Park: Die Komplette Siebte Season,* Disc 3 (DVD: Paramount Home Entertainment, 2008), [USA, 2003].

„It hits the fan". In: *South Park: Die Komplette Fünfte Season,* Disc 1 (DVD: Paramount Home Entertainment, 2007), [USA, 2001].

"Imaginationland". In: *South Park: Die Komplette Elfte Season,* Disc 3 (DVD: Paramount Home Entertainment, 2009), [USA, 2007).

„Kenny Dies". In: *South Park: Die Komplette Fünfte Season,* Disc 3 (DVD: Paramount Home Entertainment, 2007), [USA, 2001].

„Krazy Kripples". In: *South Park: Die Komplette Siebte Season,* Disc 1 (DVD: Paramount Home Entertainment, 2008), [USA, 2003].

"Le Petit Tourette", in: *South Park: Die Komplette Elfte Season,* Disc 2 (DVD: Paramount Home Entertainment, 2009), [USA, 2007].

„Over logging". In: *South Park: Die Komplette Zwölfte Season,* Disc 2 (DVD: Paramount Home Entertainment, 2009), [USA, 2008].

„Pink Eye". In: *South Park: Die Komplette Erste Season,* Disc 2 (DVD: Paramount Home Entertainment, 2007), [USA, 1997].

„Preschool". In: *South Park: Die Komplette Achte Season,* Disc 2 (DVD: Paramount Home Entertainment, 2008), [USA, 2004].

"Proper Condom Use". In: *South Park: Die Komplette Fünfte Season,* Disc 2 (DVD: Paramount Home Entertainment, 2007), [USA, 2001].

„Raisins". In: *South Park: Die Komplette Siebte Season,* Disc 3 (DVD: Paramount Home Entertainment, 2008), [USA, 2003].

„Red Man's Greed". In: *South Park: Die Komplette Siebte Season,* Disc 2 (DVD: Paramount Home Entertainment, 2008), [USA, 2003].

"Scott Tenorman must die". In: *South Park: Die Komplette Fünfte Season,* Disc 1 (DVD: Paramount Home Entertainment, 2007), [USA, 2001].

"Something you can do with your finger". In: *South Park: Die Komplette Vierte Season,* Disc 2 (DVD: Paramount Home Entertainment, 2008). [Orig. 2000].

„South Park is Gay". In: *South Park: Die Komplette Siebte Season,* Disc 2 (DVD: Paramount Home Entertainment, 2008), [USA, 2003].

„The Death of Eric Cartman". In: *South Park: Die Komplette Neunte Season,* Disc 2 (DVD: Paramount Home Entertainment, 2008), [USA, 2005].

„The F Word". In: *South Park: Die Komplette Dreizehnte Season,* Disc 3 (DVD: Paramount Home Entertainment, 2010), [USA, 2009].

„The Jeffersons". In: *South Park: Die Komplette Achte Season*, Disc 2 (DVD: Paramount Home Entertainment, 2008), [USA, 2004].

„The Passion of the Jew". In: *South Park: Die Komplette Achte Season,* Disc 1 (DVD: Paramount Home Entertainment, 2008), [USA, 2004].

„The Return of the Fellowship of the ring of the two towers", in: *South Park: Die Komplette Sechste Season,* Disc 3 (DVD: Paramount Home Entertainment, 2008), [USA, 2002].

„The Super Best Friends". In: *South Park: Die Komplette Fünfte Season*, Disc 1 (DVD: Paramount Home Entertainment, 2007), [USA, 2001].

„Tonsil Trouble". In: *South Park: Die Komplette Zwölfte Season,* Disc 1 (DVD: Paramount Home Entertainment, 2009), [USA, 2008].

"With Apologies to Jesse Jackson". In: *South Park: Die Komplette Elfte Season,* Disc 1 (DVD: Paramount Home Entertainment, 2009), [USA, 2007].

8.3 Online-Quellen

Ahrens, Frank. "The Price for On-Air Indecency Goes Up", auf: *The Washington Post* (Web: www.washingtonpost.com, 08.06.2006).
http://www.washingtonpost.com/wp-dyn/content/article/2006/06/07/AR2006060700287.html.

Bauder, David. "Comedy Central's Jesus Show Draws Protest From Religious Groups", auf: *The Huffington Post* (Web: www.huffingtonpost.com, 03.06.2010).
http://www.huffingtonpost.com/2010/06/03/comedy-centrals-jesus-sho_n_599430.html.

Bozell, Brent. "'South Park' Reconsidered, Sort Of", auf: *Media Research Center* (Web: www.mediaresearch.org, 11.02.1998).
http://www.mediaresearch.org/BozellColumns/entertainmentcolumn/1998/col19980211.asp.

Bozell, Brent. "The Incomplete Anti-Imus Lobby", auf: *Media Research Center* (Web: www.mrc.org, 12.04.2007).
http://www.mrc.org/BozellColumns/entertainmentcolumn/2007/col20070412.asp.

Cavna, Michael. "Pulitzer Prize-winning cartoonists condemn censorship of 'South Park'", auf: *The Washington Post* (Web: www.washingtonpost.com, 29.04.2010).
http://www.washingtonpost.com/wp-dyn/content/article/2010/04/28/AR2010042805369.html.

Collins, Scott und Matea Gold. "Threat against 'South Park' creators highlights dilemma for media companies", auf: *Los Angeles Times* (Web: www.latimes.com, 23.04.2010). http://articles.latimes.com/2010/apr/23/entertainment/la-et-south-park-20100423.

de Moraes, Lisa. "Everyone's in a Stew Over 'South Park' Chef", auf: *The Washington Post* (Web: www.washingtonpost.com, 18.03.2006).
http://www.washingtonpost.com/wp-dyn/content/article/2006/03/17/AR2006031702158_2.html.

Edwards, Tim. "Muslims warn South Park after Mohammed joke", auf: *The Week with the First Post* (Web: www.theweek.co.uk, 21.04.2010). http://www.theweek.co.uk/entertainment/15127/muslims-warn-south-park-after-mohammed-joke.

Erickson, Hal. "South Park [Animated TV Series]", auf: *MTV* (Web: www.mtv.com, ohne Datum). http://www.mtv.com/movies/movie/131580/moviemain.jhtml.

FCC, „Complaint And Enforcement Statistics ", auf: *Federal Communications Commission* (Web: www.fcc.gov, ohne Datum). http://transition.fcc.gov/eb/oip/Stats.html.

FCC, „Frequently Asked Questions", auf: *Federal Communications Commission* (Web: www.fcc.gov, ohne Datum). http://www.fcc.gov/cgb/consumerfacts/obscene.html.

FCC, "Obscene, Profane & Indecent Broadcasts: Complaint Denial Orders", auf: *Federal Communications Commission* (Web: www.fcc.gov, ohne Datum). http://www.fcc.gov/encyclopedia/obscene-profane-indecent-broadcasts-complaint-denial-orders.

FCC, „Obscenity, Indecency and Profanity", auf: *Federal Communications Commission* (Web: www.fcc.gov, ohne Datum). http://www.fcc.gov/guides/obscenity-indecency-and-profanity.

FCC, "Obscenity, Indecency & Profanity - FAQ", auf: *Federal Communications Commission* (Web: www.fcc.gov, ohne Datum). http://www.fcc.gov/guides/obscenity-indecency-profanity-faq.

FCC, „Obscenity, Indecency & Profanity - TV Ratings & Channel Blocking", auf: *Federal Communications Commission* (Web: www.fcc.gov, ohne Datum). http://www.fcc.gov/encyclopedia/obscenity-indecency-profanity-tv-ratings-channel-blocking.

Gates, Anita. "In 'Southpark': The Adventures of Foulmouthed Tots", auf: *The New York Times* (Web: www.nytimes.com, 10.08.1997). http://www.nytimes.com/1997/08/10/movies/in-southpark-the-adventures-of-foulmouthed-tots.html?scp=1&sq=%22SouthPark&st=nyt.

Goldman, Eric. "South Park: Matt and Trey Speak Out, Part 2", auf: *IGN Entertainment* (Web: tv.ign.com, 17.07.2006).
http://tv.ign.com/articles/719/719160p3.html.

Griffin, Drew und Tim Lister. „Islamic group: 'South Park' post a call to protest, not violence", auf: *CNN International* (Web: www.cnn.com, 21.04.2010).
http://edition.cnn.com/2010/SHOWBIZ/TV/04/21/south.park.islamic.reaction/index.html?iref=allsearch.

Harris, Mark. "NC-17: Fatally Flawed", auf: *Entertainment Weekly* (Web: www.ew.com, 18.06.2007). http://www.ew.com/ew/article/0,,20042869,00.html.

Itzkoff, Dave. "'South Park' Episode Altered After Muslim Group's Warning", in: *The New York Times* (Web: www.nytimes.com, 22.04.2010).
http://www.nytimes.com/2010/04/23/arts/television/23park.html.

Janke, Ronny. "Wirbel um Kultstar: Hasselhoff und der Hitler-Vergleich", auf: *News.de* (Web: www.news.de, 30.09.2010).
http://www.news.de/medien/855075338/hasselhoff-und-der-hitler-vergleich/1/.

Jamieson, Alastair. "The Simpsons support South Park writers in Mohammed censorship row", auf: *The Telegraph* (Web: www.telegraph.co.uk, 28.04.2010).
http://www.telegraph.co.uk/culture/tvandradio/7643351/The-Simpsons-support-South-Park-writers-in-Mohammed-censorship-row.html.

Hosenball, Mark. "Security Stepped Up at Comedy Central Following Threats Against 'South Park'", auf: *The Daily Beast* (Web: www.thedailybeast.com, 23.04.2010).
http://www.thedailybeast.com/newsweek/blogs/declassified/2010/04/23/security-stepped-up-at-comedy-central-following-threats-against-south-park.html.

Levi, Lili. "The FCC's Regulation of Indecency", auf: *First Amendment Center* (Web: www.firstamendmentcenter.org, April 2008).
http://www.firstamendmentcenter.org/madison/wp-content/uploads/2011/03/FirstReport.Indecency.Levi_.final_.pdf.

Nudd, Tim. "Cleaning up 'South Park' for syndication", auf: *ADWeek* (Web: www.adweek.com, 19.09.2005).
http://adweek.blogs.com/adfreak/2005/09/cleaning_up_sou.html.

Pilkington, Ed. "South Park censored after threat of fatwa over Muhammad episode", auf: *The Guardian* (Web: www.guardian.co.uk, 22.04.2010). http://www.guardian.co.uk/tv-and-radio/2010/apr/22/south-park-censored-fatwa-muhammad.

Poniewozik, James. "10 Questions for Matt Stone and Trey Parker", auf: *Time Magazine US* (Web: www.time.com, 05.03.2006). http://www.time.com/time/magazine/article/0,9171,1169882,00.html.

PTC, "Cable Consumer Choice Campaign", auf: *Parents Television Council* (Web: www.parentstv.org, ohne Datum). http://www.parentstv.org/PTC/cable/main.asp.

PTC, „L. Brent Bozell. Founder, Parents Television Council", auf: *Parents Television Council* (Web: www.parentstv.org, *ohne Datum*). http://www.parentstv.org/PTC/aboutus/bozellbio.asp.

PTC, "The Worst Cable Content of the Week: South Park on Comedy Central", auf: *Parents Television Council* (Web: *www.parentstv.org*, 2009). www.parentstv.org/PTC/Cable/2009/1009.asp.

PTC, "TV's Worst Clips 2001-2004", auf: *Parents Television Council* (Web: www.parentstv.org, 01.08.2001). http://www.parentstv.org/ptc/clips/WorstClips.asp.

PTC, "What is the PTC's mission?" auf: *Parents Television Council* (Web: www.parentstv.org, ohne Datum). http://www.parentstv.org/PTC/faqs/main.asp#What%20is%20the%20PTCs%20mission.

Rapkinl, Mickey . "They Killed Kenny... And Revolutionized Comedy", auf: *GQ Magazine* (Web: www.gq.com, Februar 2006). http://www.gq.com/entertainment/movies-and-tv/200601/south-park-trey-parker-matt-stone-comedy.

Reth Miller, Joshua. "'South Park' Creators Could Face Retribution for Depicting Muhammad, Website Warns", auf: *Fox News* (Web: *www.foxnews.com*, 20.04.2010). http://www.foxnews.com/entertainment/2010/04/20/website-warns-south-park-creators-face-retribution-depicting-muhammad/

Roura, Phil. "5 Minutes With...isaac Hayes", auf: *New York Daily News* (Web: www.nydailynews.com, 13.01.2006). http://www.nydailynews.com/archives/nydn-features/5-minutes-isaac-hayes-article-1.574369.

Parker, Trey. "Your questions answered by Matt and Trey: Posted on August 16, 2001", auf: *South Park Studios* (Web: www.southparkstudios.com, 16.08.2001). http://www.southparkstudios.com/news/2001/aug.

Robinson, Tasha : "Trey Parker & Matt Stone", auf: *The A.V. Club* (Web: www.avclub.com, 19.02.2008). http://www.avclub.com/articles/trey-parker-matt-stone,14216/.

Rose, Frank . "Building the Fun Bomb", auf: *WIRED* (Web: www.wired.com, Februar 2005). http://www.wired.com/wired/archive/13.02/comedy.html.

Rose, Flemming. "Why I Published Those Cartoons", auf: *The Washington Post* (Web: www.washingtonpost.com, 19.02.2006). http://www.washingtonpost.com/wp-dyn/content/article/2006/02/17/AR2006021702499.html.

Roth, Jürgen . "Rote Karte für Journalisten: FIFA droht kritischen WM-Reportern mit Akkreditierungsentzug", auf: *Deutschlandfunk* (Web: www.dradio.de, 05.04.2010). http://www.dradio.de/dlf/sendungen/sport/1157290/.

Sichtermann, Barbara. "Durchfall-TV", auf: Die Zeit Online (Web: www.zeit.de, 28.10.1999). http://pdf.zeit.de/1999/44/199944.tv-kritik.xml.pdf.

Tapper, Jake und Dan Morris. "Secrets of 'South Park'", auf: *ABC NEWS* (Web: www.abcnews.go.com, 22.09.2006). http://abcnews.go.com/Nightline/Entertainment/story?id=2479197&page=1.

Thompson, Kimberly M. und Fumie Yokota. "Violence, Sex, and Profanity in Films: Correlation of Movie Ratings With Content", auf: *Medscape News Today* (Web: www.medscape.com, 12.07.2004). http://www.medscape.com/viewarticle/480900.

Vinthagen Simpson, Peter. "South Park Muhammad joke won't air in Sweden", auf: *The Local: Swedens News in English* (Web: www.thelocal.se, 29.04.2010). http://www.thelocal.se/26366/20100429/.

Volkery, Carsten. "Ungläubiges Staunen über Gesetz gegen Gotteslästerung", auf: *Spiegel Online* (Web: www.spiegel.de, 16.07.2009). http://www.spiegel.de/panorama/gesellschaft/0,1518,636558,00.html.

Wente, Margaret. "Jihad jitters at Comedy Central: Why do we allow ourselves to be spooked?", auf: *The Globe and Mail* (Web: www.theglobeandmail.com, 24.04.2010). http://www.theglobeandmail.com/news/opinions/jihad-jitters-at-comedy-central/article1545262/.

Westwood, Willie. "Transcript Episode 212 - Clubhouses", auf: *The South Park Scriptorium* (Web: www.spscriptorium.com, ohne Datum). http://www.spscriptorium.com/Season2/E212script.htm.

Wilonsky, Robert. "It Happens: Ohmigod! Five seasons in, South Park's the funniest show on TV", auf: *Broward Palm Beach NewTimes* (Web: www.browardpalmbeach.com, 26.07.2001). http://www.browardpalmbeach.com/2001-07-26/culture/it-happens/1/.

"201", auf: *South Park Studios* (Web: www.southparkstudios.com, ohne Datum), Zugriff: 07.10.2011. http://www.southparkstudios.com/full-episodes/s14e06-201.

"A Statement from Matt and Trey", auf: *South Park Studios* (Web: www.southparkstudios.com, 22.04.2010). http://www.southparkstudios.com/news/357555/a-statement-from-matt-and-trey.

"Cartoon Wars Part 1", auf: *South Park Studios* (Web: www.southparkstudios.com, ohne Datum), Zugriff: 07.10.2011. http://www.southparkstudios.com/full-episodes/s10e03-cartoon-wars-part-i.

"Clarifying the South Park Response and Calling on Others to Join in the Defense of the Prophet Muhammad", auf: *Revolution Muslim* (Web: www.revolutionmuslimdaily.blogspot.com, 22.04.2010). http://revolutionmuslimdaily.blogspot.com/2010/04/clarifying-south-park-response-and.html.

"Debmar Studios Acquires Broadcast Syndication Rights to Comedy Central's 'South Park'", auf: *PR Newswire United Business Media* (Web: www.prnewswire.com, 03.09.2002). http://www.prnewswire.com/news-releases/debmar-studios-acquires-broadcast-syndication-rights-to-comedy-centralsr-south-park-71020497.html.

"Die Liga der Super Besten Freunde", auf: *South Park Deutschland* (Web: www.southpark.de, ohne Datum), Zugriff: 07.10.2011. http://www.southpark.de/alleEpisoden/504/.

"Emmy Award History Search", auf: *Academy of Television Arts & Sciences* (Web: www.Emmys.com). http://www.emmys.com/award_history_search.

"First Amendment Timeline", auf*: First Amendment Center* (Web: www.firstamendmentcenter.org, 08.08.2011). http://www.firstamendmentcenter.org/first-amendment-timeline.

"Lars von Trier will keine Pressekonferenz mehr geben", auf: *ORF.at* (Web: www.orf.at, 10.08.2011). http://orf.at/stories/2073310/.

"'Peanuts' Gone Wrong", auf: *Newsweek Magazine* (Web: www.newsweek.com, 21.07.1997). http://www.newsweek.com/1997/07/20/peanuts-gone-wrong.html.

"Polizei vereitelt Anschlag auf Mohammed-Karikaturisten", auf: *Spiegel Online* (Web: www.spiegel.de, 02.01.2010). http://www.spiegel.de/politik/ausland/0,1518,669748,00.html.

"Super Best Friends", auf: *South Park Studios* (Web: www.southparkstudios.com, ohne Datum), Zugriff: 07.10.2011. http://www.southparkstudios.com/full-episodes/s05e04-super-best-friends.

"Recources and Databases", auf: *The Academy Of Motion Picture Arts And Sciences* (Web: www.oscars.org). http://www.oscars.org/research-preservation/resources-databases/index.html.

"Revised Code of the Public General Laws, 1879", Auf: *Archives of Maryland Online* (Web: www.msa.md.gov, 2009), Volume 388, Page 824. http://www.msa.md.gov/megafile/msa/speccol/sc2900/sc2908/000001/000388/html/am388--824.html.

"South Park duo criticise network", auf: *BBC* (Web: www.bbc.co.uk, 14.04.2006). http://news.bbc.co.uk/2/hi/entertainment/4909820.stm.

"'South Park' lashes out again", auf: *Catholic League for Religious and Civil Rights* (Web: www.catholicleague.com, 23.04.2002). http://www.catholicleague.org/south-park-lashes-out-again/.

"Understanding the TV Ratings", auf: *TV Parental Guidelines* (Web: www.tvguidelines.org, ohne Datum). http://www.tvguidelines.org/ratings.htm.

"Vile 'South Park' Episode Pulled", auf: *Catholic League For Religious And Civil Rights* (Web: www.catholicleague.org, Januar 2006). http://www.catholicleague.org/vile-south-park-episode-pulled/.

8.4 Abbildungsverzeichnis

Ich habe mich bemüht, sämtliche Inhaber der Bildrechte ausfindig zu machen und ihre Zustimmung zur Verwendung der Bilder in dieser Arbeit eingeholt. Sollte dennoch eine Urheberrechtsverletzung bekannt werden, ersuche ich um Meldung bei mir.

Anhang 1: Beep-Töne bei *South Park*

Anmerkung: Diese Tabelle enthält alle Schimpfwörter, die bei der Serie durch einen Beep-Ton zensiert wurden. Der Fett hervorgehobene Beep-Ton stellt dabei das jeweilige Kategorienwort dar. Auf die Ausdrücke „Fuck" & „Shit" wurde aufgrund ihrer Häufig verzichtet. Die Staffel- und DVD-Angaben beziehen sich auf die DVD-Ausgabe (siehe Mediographie)

Schimpwort		Dialogzeile Englisch/Deutsch	
Fag			
Episode:	It Hits the Fan	Stans Vater:	Really? So I can't say **<beep>**?
		Mr. Garrison:	No, see, you got beeped.
Timecode:	00:17:04	Jimbo:	You mean you have to be a **<beep>** to say
Staffel:	5		**<beep>**?
Disc:	1		
		Stans Vater:	Wirklich? Und was ist, wenn wir Tunte sagen?
		Mr. Garrison:	Nein, da werden sie ausgepiepst.
		Jimbo:	Wollen Sie damit sagen, man muss eine <beep>
			sein, wenn man <beep> sagen will?
Cunt			
Episode:	Clubhouses	Stans Vater:	Hey, back off **<beep>**.
		Stans Mutter:	You just said the C word.
Timecode:	00:05:37		
Staffel:	2	Stans Vater:	Hey, lass mich in Ruhe, du Schlampe.
Disc:	2	Stans Mutter:	Du hast das S-Wort gesagt.
Cock			
Episode:	Freak Strike	Vanity:	Whatever. Whatever. You f<beep>ing suckers
			don't know sh<beep> you [...] Maury, my mum
Timecode:	00:13:45		don't know sh<beep>. [...] It's all good sh<beep>
Staffel:	6		[...] f<beep>ck you, **c<beep>suckers**. [...] Shut
Disc:	1		the <beep> up, you dried-up skank.
		Vanity:	Ihr Flachwichser habt doch keine Ahnung. Leckt
			mich am Arsch. Fickt euch. [...] Maury, meine
			Mum hat doch null Durchblick. [...] Willst du auch
			mal drüber? [...] Ihr blöden, arschgefickten
			Suppenhühner. [...] Halt dein blödes Maul, du
			ausgetrocknete Flatterfotze.

Nigger

Episode: Clubhouses	Fat Abbot:	I'll bust a cop in your **<beep><beep>**.
Timecode: 00:05:16 Staffel: 2 Disc: 2	Kyle:	Wow, cartoons are getting really dirty.
	Fat Abbot:	Ich hetz dir die Bullen auf deinen scheiss ungewaschenen Niggerhals.
	Kyle:	Wow, die Cartoons werden echt immer unflätiger.

Nicht zuordenbar

Episode: Cartman Gets An Anal Probe	Kyle:	Hey, you scrawny-ass f<beep>! What the f<beep> is wrong with you? You must be some
Timecode: 00:20:20 Staffel: 1 Disc: 1		kind of **<beeeep>** to be able to ignore a crying child.
	Stan:	Wow, Dude.
	Kyle:	You know what you f<beep>ers like? You'd like to **<beep>** your **<beep>** and **<beep>** and **<beep>** and **<beeeep>**
	Stan:	Hey, Wendy, what's a **<beeeep>**?
	Kyle:	Hey, ihr miesen, dürren <beep>er! Was zum G<beep> soll das denn, ihr scheiss kleinen Kacker? Ihr <beeeep> um ein weinendes Kind zu ignorieren?
	Stan:	Alter!
	Kyle:	Wisst ihr was ihr seid, ihr <beep> <beep> i <beep> <beep> auf <beeeep>
	Stan:	Hey Wendy, von wem <beeeep>?

Episode: Clubhouses	Fat Abbot:	Open your f<beep>ing ears **<beep>**. I'll pop your bitch ass.
Timecode: 00:12:57 Staffel: 2 Disc: 2	Fat Abbot:	Sperr deine verfickten Ohren auf, Nutte. Ich brat dir einen über deinen Schnallenarsch.

Episode: Clubhouses	Fat Abbot:	No problem, ho. Maybe later you can suck my **<beep>** Bitch hosh**<beep>**.
Timecode: 00:20:24 Staffel: 2 Disc: 2	Fat Abbot:	Keine Ursache, du Schnalle. Vielleicht kannst du ja später mal an meinem Schwanz nuckeln, Nuttenschlampe.

Episode: Prehistoric Ice Man	Kyle:	Cartman, you f<beep>ing hunk of fat rat **<beep>**
Timecode: 00:02:18 Staffel: 2 Disc: 3		hunk of pig **<beep>** ass face!
	Kyle:	Cartman, du beschissenes Stück Rattenscheisse
		mit nem verwichsten Schweinefickergesicht.

Episode: My Future Self N'Me	Ozzie Osbourne:	You kids <beep>ing around don't f<beep>
Timecode: 00:01:45 Staffel: 6 Disc: 3		around with you f<beep>ing mom!
	Jack Osbourne:	Dad, we f<beep>ing can't. The **<beep>** like a
		<beep>.
	Ozzie Osbourne:	Du kleine verwichste Kröte. Hör gefälligst
		auf, deine Mutter anzufurzen.
	Jack Osbourne:	Ich lass gleich einen fahren das Land
		mitkommt und dann bist du zugeschissen.

Anhang 2: Antisemitische Aussagen mit zensierter Synchronisation

Anmerkung: Komplette Liste antisemitischer Aussagen, die in den Staffel 1-13 im Zuge der deutschen Synchronisation abgeschwächt bzw. entfernt wurden. Die Staffel- und DVD-Angaben beziehen sich auf die DVD-Ausgabe (siehe Mediographie).

Episode	Dialogzeile Englisch/Deutsch
Episode: Big Gay Al's Big Gay Boat Ride Timecode: 00:15:38 Staffel: 1 Disc: 1	**Mr. Garrison:** Yeah, why the hell is that little *Jewish kid* playing quarterback? **Mr. Garrison:** Ja, wieso darf dieser kleine *Zwergpinscher* Quarterback spielen?
Episode: Big Gay Al's Big Gay Boat Ride Timecode: 00:21:28 Staffel: 1 Disc: 1	**Kommentator:** And he throws it to Kyle, the little Jewish kid! Oh, my! *I haven't seen a Jew run like that since Poland, 1938!* **Kommentator:** Und er wirft ihn zu Kyle, dem kleinen, jüdischen Kind. Oh Mann! *Das letzte mal wo ein Kind so schnell gerannt ist war '87 bei der Schlacht um den Pickelbrei-Cup.*
Episode: An Elephant Makes Love To A Pig Timecode: 00:07:20 Staffel: 1 Disc: 2	**Eric:** Go to San Fransisco to the other *Jews*. **Eric:** Warum gehst du nicht nach San Franzisko zu den anderen *Aussätzigen*.
Episode: Death Timecode: 00:04:44 Staffel: 1 Disc: 2	**Eric:** That's a bunch of crap. Kyle's mom is a *dirty Jew*. **Eric:** So'n Riesenscheisshaufen. Kyle's Mutter ist ne *<Beep> Nutte*!
Episode: The Super Best Friends Timecode: 00:06:28 Staffel: 5 Disc: 1	**Eric:** It doesn't matter, ma'am. Blainetology is for everyone. There are Blainetologists who are Catholics, Buddhists, why, even Kyle here is a *goddamn Jew*. **Eric:** Sie, sie könnten sogar bulgarisch sein. Blainetologie ist für alle da. Es gibt sogar katholische Blaintologen und buddhistische. Kyle hier ist sogar *ein Jude*.

Episode:	How to Eat With Your Butt	Eric:	Don't listen to that *Jew*, Kenny, it's totally funny.
Timecode:	00:01:29	Eric:	Hör nicht auf den *Arsch*, Kenny, es ist total komisch.
Staffel:	5		
Disc:	2		

Episode:	The Entity	Kyle:	He rips on me for *being jewish*. He's gonna tear this kid apart.
Timecode:	00:04:02		
Staffel:	5		
Disc:	3	Kyle:	Er geht jetzt schon auf mich los. Dieses Kerlchen wird er in Stücke reißen.

Episode:	The Entity	Eric:	Good, Job, *Jew*.
Timecode:	00:20:47		
Staffel:	5	Eric:	Reife Leistung, *Wichser*.
Disc:	3		

Episode:	Here Comes the Neighborhood	Eric:	Shut up, *Jew*.
Timecode:	00:00:58	Eric:	Schnauze, *Alter*.
Staffel:	5		
Disc:	3		

Episode:	Kenny Dies	Butters:	Yeah, he knew you'd say that, too, so he said to say: 'Up your ass, *jew*'.
Timecode:	00:03:12		
Staffel:	5		
Disc:	3	Butters:	Jaja, er wusste auch, dass du das sagst, deshalb soll ich dir sagen: 'Leck mich am Arsch, *Arschloch'*.

Episode:	Kenny Dies	Eric:	It's been proven, *Jew*.
Timecode:	00:04:05		
Staffel:	5	Eric:	Genauso ist es, *Trottel*.
Disc:	3		

Episode:	Kenny Dies	Eric:	Kyle, hey, what's going down, *Jew boy*.
Timecode:	00:11:20		
Staffel:	5	Eric:	Oh, Kyle, hey, wie gehts dir denn so, *Alter*?
Disc:	3		

Episode:	Simpsons already did it	Eric:	Shut your *goddamn Jew mouth*. You people are why there's war in the Middle East.
Timecode:	00:05:39		
Staffel:	6	Eric:	Hast du verstanden, du Jude? Dein Volk ist Schuld, dass im nahen Osten Krieg ist.
Disc:	2		

Episode:	Simpsons already did it	Eric:	Be you not jealous, *Jew*.
Timecode:	00:19:33	Eric:	Bloß keine Eifersucht.
Staffel:	6		
Disc:	2		

Episode:	Red Hot Catholic Love	Eric:	Okay, let's go, *Jew*.
Timecode:	00:05:21	Eric:	Okay, *Wichser*.
Staffel:	6		
Disc:	2		

Episode:	The Return of the Fellowship of the ring of the two towers	Eric:	We're not lost, *Jewgar of Jewlingrad*. We just don't know where we are.
		Eric:	Wir haben uns nicht verlaufen, *Dummsack*. Wir wissen bloß nicht, wo wir sind.
Timecode:	00:17:37		
Staffel:	6		
Disc:	3		

Episode:	I'm A Little Bit Country	Eric:	Kyle, get out of my flashback, you *goddamn Jew*.
Timecode:	00:06:47	Eric:	Kyle, verschwinde aus meiner Rückblende, du *verfickter Trampel*.
Staffel:	7		
Disc:	1		

Episode:	Toilet Paper	Eric:	Kyle, so help me god, if you *Jew us out* on this one, I will f<beep>ing kill you.
Timecode:	00:06:47		
Staffel:	7	Eric:	Kyle, du Arschloch. Wenn du uns jetzt *verpfeifst*, dann leg ich dich um.
Disc:	1		

Anhang 3: Deutsche Synchronfassung mit antisemitischen Aussagen

Anmerkung: Diese Zusammenstellung enthält antisemitische Aussagen, die in der deutschen Synchronfassung beibehalten bzw. mitunter sogar verschärft wurden (Bis Staffel 7 komplett, dann ausgesuchte Beispiele). Die Staffel- und DVD-Angaben beziehen sich auf die DVD-Ausgabe (siehe Mediographie).

Episode		Dialogzeile Englisch/Deutsch	
Episode:	Mr Hankey, The Christmas Poo	Stan:	See you, dude.
Timecode:	00:05:00	Stan:	Bis dann, Jude.
Staffel:	1		
Disc:	3		
Episode:	A very crappy Christmas	Stan:	I don't need to take that kind of sh<Beep> from a jew.
Timecode:	00:16:36	Stan:	Hey, so'n Scheiss muss ich mir von nem Juden nicht
Staffel:	4		bieten lassen.
Disc:	3		
Episode:	The Return of the Fellowship of the ring of the two towers	Eric:	And so, the party journeyed onward. The great wizard, the skilful ranger, and the covetous Jew.
Timecode:	00:01:43	Eric:	So setzten die Gefährten ihre Reise fort. Der große
Staffel:	6		Zauberer, der geschickte Streicher und der gierige
Disc:	3		Jude.
Episode:	It's Christmas in Canada	Eric:	You f<beep>ing Jews ruined Christmas again!
Timecode:	00:05:55	Eric:	Ihr Judenärsche habt Weihnachten mal wieder ruiniert!
Staffel:	7		
Disc:	3		
Episode:	Up The Down Steroid	Eric:	Let me finish. If you had seen The Passion, you would know that hell is reserved for the Jews and all those who don't accept Christ.
Timecode:	00:14:50		
Staffel:	8		
Disc:	1	Eric:	Lass mich ausreden. Hättest du die Passion Christi gesehen wüsstest du, dass die Hölle für Juden reserviert ist und alle die Christus nicht anerkennen.

Episode: The Passion of the Jew Timecode: 00:15:50 Staffel: 8 Disc: 1	Eric: Eric:	So, when I say, "Es ist Zeit fur Reich", you all chant back "Wir mussen die Juden ausrotten!". Also wenn ich rufe, "Es ist Zeit für Reich", antwortet ihr alle im Chor, "Wir mussen die Juden ausrotten!".
Episode: Best Friends Forever Timecode: 00:03:41 Staffel: 9 Disc: 1	Eric: Eric:	Just shut your Jew mouth. Halt deinen dreckigen Judenmund.
Episode: The Return of Chef Timecode: 00:07:12 Staffel: 10 Disc: 1	Eric: Eric:	Hey, you guys, you know what they call a Jewish woman's boobs? Joobs. Hey, wisst ihr, wie man die Möpse einer jüdischen Frau nennt? Jüpse.
Episode: Smug Alert! Timecode: 00:21:46 Staffel: 10 Disc: 1	Eric: Eric:	We just can't get rid of you, can we, you sneaky Jew rat? Dich wird man einfach nicht los, nicht wahr, du schleimige Judenratte?
Episode: Manbearpig Timecode: 00:13:27 Staffel: 10 Disc: 2	Eric: Eric:	Especially you, you money-grubbbing snake in the grass. Vor allem dich, du geldgeile, falsche Judenschlange.
Episode: Hell on Earth 2006 Timecode: 00:03:26 Staffel: 10 Disc: 3	Eric: Eric:	<immitiert die Geräusche eines Huhns> Angsthase, Judennase!
Episode: Cartman sucks Timecode: 00:09:14 Staffel: 11 Disc: 1	Eric: Eric:	I swear to God, Kyle, if you don't give it back right now, I'm gonna break your fucking Jew-legs right here. Ich schwörs bei Gott, Kyle, wenn du's nicht sofort rausrückst, brech ich dir deine blöden Juden-Stelzen.

Episode: Le Petit Tourette Timecode: 00:10:21 Staffel: 11 Disc: 2	Eric:	Piss out your ass right on to Kyle's mom's fat fucking Jew face! Oh, goodness. Excuse me. Jeez, that was a bad one!
	Eric:	Pisse aus ihrem Arsch mitten in die fette Judenfratze von Kyles Mum! Au weiha, pardon! Mensch, da ist mir einiges rausgehoppelt.
Episode: Elementary School Musical Timecode: 00:20:57 Staffel: 12 Disc: 3	Eric:	And I like nothing better than making fun of Jews. And ripping on black people, though some people think it's rude.
	Eric:	Und ich mach gerne Witze, über Juden, groß und klein, auch Schwarze kriegen ihr Fett ab, manche finden das gemein.